陸上競技指導教本
アンダー13

楽しい キッズの陸上競技

JAAF
Japan Association of
Athletics Federations

公益財団法人 **日本陸上競技連盟**＝編

大修館書店

まえがき

日本陸上競技連盟では、トップアスリートの育成強化を推進するとともに、多くの子ども達が陸上競技の楽しさ・喜びを味わい、健全な心身を育むための活動を展開しています。そのひとつが、小学校（アンダー13）、中学校（アンダー16）、高校（アンダー19）の学校段階ごとに毎年9都道府県で開催している全国巡回クリニックです。アンダー13ではこれに加え、「キッズアスリート・プロジェクト 夢の陸上キャラバン隊」と称し、毎年9都道府県の9つの小学校の校庭でトップアスリートとふれあい、陸上競技の魅力を伝えるイベントを開催しています。また、1985年からは全国小学生陸上競技交流大会を主催し、現在では都道府県での予選会を含めると約12万人もの子ども達が陸上競技を楽しんでいます。

小学生にとってスポーツは楽しいものでなければなりません。指導者や保護者など周囲の人達が温かく見守るなか、のびのびと活動し、スポーツの魅力にふれることが求められます。これによりスポーツを続けていこうという強いエネルギーが湧いてくるのです。また、心身の成長が著しい時期ですから、発育・発達を踏まえた適切な指導を展開する必要があります。無理なトレーニングを課した場合には、スポーツ傷害を招いたり、スポーツ嫌いを作ってしまう危険性が高まります。

特に小学生の時期は神経系の発達が顕著であるため、調整力として扱われているリズム、バランス、タイミングなど、運動をうまく遂行する能力を高めることを重視する必要があります。陸上競技であれば、力みのないフォームで走ったり、リズミカルな助走から踏み切りに移ったり、タイミング良く投てき物を投げるなどの能力がこれに該当します。そのため小学校の時期は、多様で基本的な運動を経験したうえで、走・跳・投運動の正しい動作を習得していくとよいでしょう。

このようなスポーツ指導に関する知識を持ち、子ども達の指導を実践することは子ども達のスポーツ活動を充実させるために不可欠です。そこで本連盟では、小学生を指導されている指導者の皆さん、そして保護者の皆さんに陸上競技の指導に関わる正しい知識を身に付けていただくために、『陸上競技指導教本アンダー13―楽しいキッズの陸上競技―』を刊行いたしました。本書には、子どもの発育・発達を考慮した指導、指導者や親のスタンス、いろいろな練習手段の例示、各種目の技術ポイントの提示、練習計画の例など、小学生を指導するうえでの知識が満載されています。本書を皆さんの日頃の指導に活用していただければ幸いです。

最後になりましたが、写真のモデルとしてご協力いただいた江東JACの皆さん、そして出版にあたって企画から編集までの全ての過程で多大なる協力を得ました大修館書店編集部の久保友人氏に心から感謝申し上げます。

公益財団法人日本陸上競技連盟専務理事　尾縣 貢

もくじ

第４章――走る・跳ぶ・投げる（運動）の合理的な技術

第５章――正しい・楽しい練習計画の立て方

➡JAAF HP

このアイコンがついているものは、日本陸上競技連盟のサイトで動画を見ることができます。 http://www.jaaf.or.jp/webtv/01/ にアクセスし、ID とパスワードを入力して下さい。
ID：jaaf01　パスワード：syougakusei2010

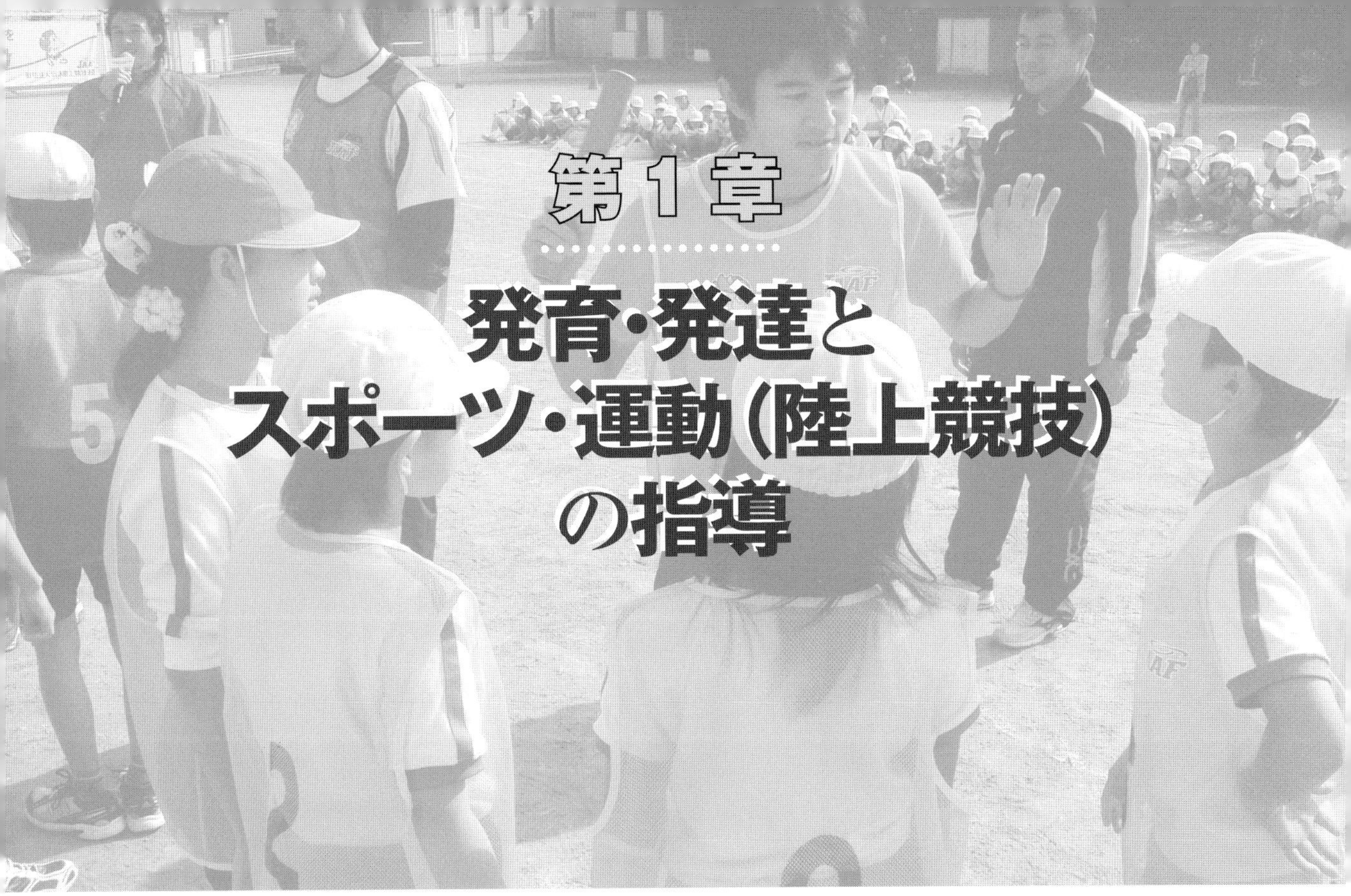

第1章

発育・発達とスポーツ・運動（陸上競技）の指導

1　一貫指導とその重要性

最近、「一貫指導」という言葉をよく耳にしますが、「一貫指導」とは何でしょうか。

「一貫指導とは、スポーツに初めて出会うジュニア期からトップレベルに至る全ての過程で、個々の競技者の特性や発育・発達段階を適切に把握し、それぞれの段階に応じた最適なトレーニングを行うことによって、競技者の有する資質・能力を最大限引き出し、最終的に世界レベルで戦える競技者を育成すること、さらにはその過程で競技引退後のセカンドキャリアも配慮した指導を行うことである」と、JOC一貫指導システムプロジェクト中央班（1998）は述べています。また、このことをより理解しやすいように、「発育・発達に合わせた一貫指導」の模式図を図1のように示しています。

では、なぜ、この「一貫指導」が重要視されるのでしょうか。それは、これまでのわが国の指導体制では、競技者の育成において、最も重要なジュニア期における指導が各学校段階を通じて継続的に行われにくかったことが、「競技者の育成を計画的に行う諸外国と比較して、我が国ではトップレベルの競技者が多く輩出されず国際競技力の低下を招いた要因の一つに挙げられている」（『スポーツ振興基本計画』2000年）からです。そこで、大切なことは、特に成長段階にあるジュニア競技者の指導者は、常に競技者のシニア期での完成（勝利）を目標に置き、目先の勝利にこだわることなく、発育・発達段階に合わせた指導をしていくことを、共通認識しておかなければならないということです。

ところで、「一貫指導（コンセプト）」は、なにも国際競技力の向上のためだけに必要なわけではありません。「一貫指導」による発育・発達段階に応じたトレーニングは、競技者を無理なく正しく育成していくことができるので、競技力向上のみならず、

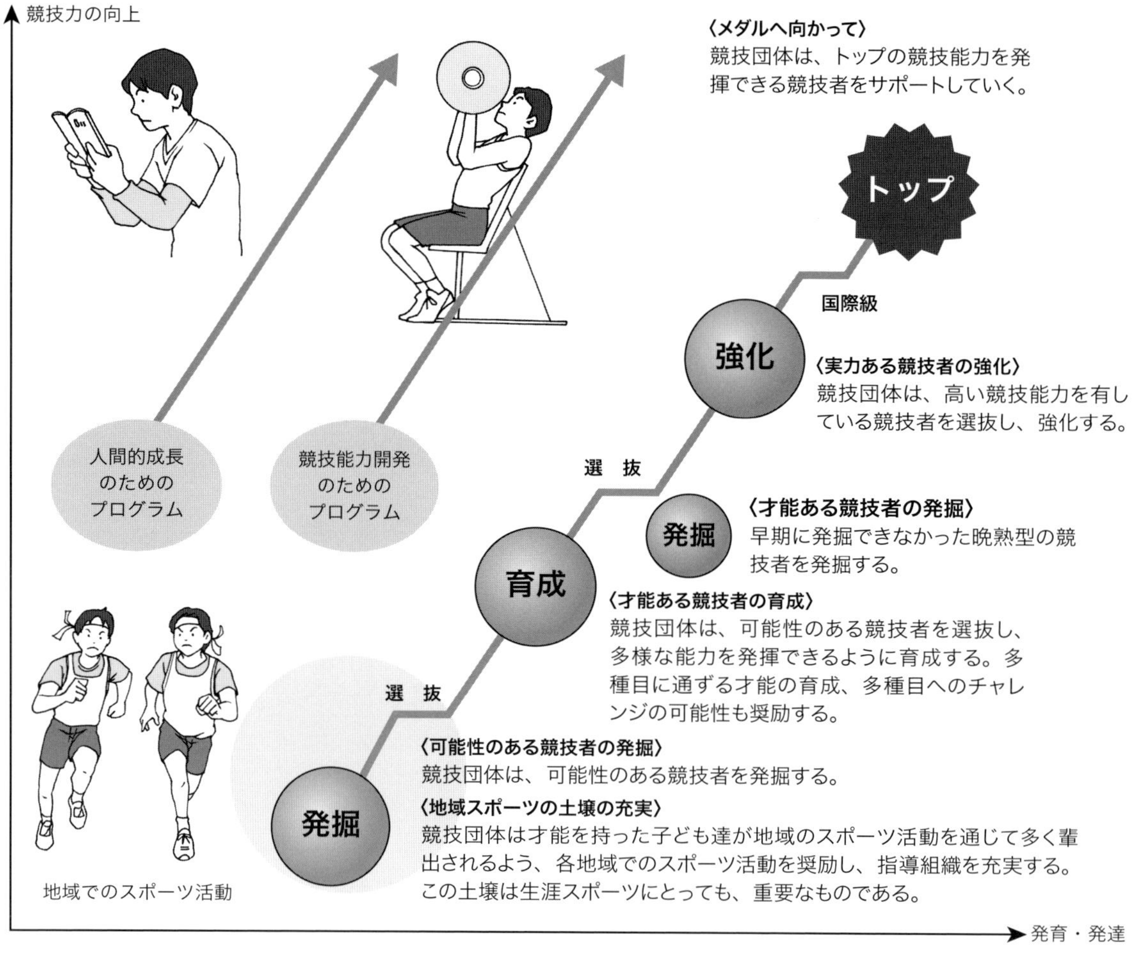
競技力の向上
〈メダルへ向かって〉
競技団体は、トップの競技能力を発揮できる競技者をサポートしていく。
トップ
国際級
強化
〈実力ある競技者の強化〉
競技団体は、高い競技能力を有している競技者を選抜し、強化する。
選　抜
〈才能ある競技者の発掘〉
早期に発掘できなかった晩熟型の競技者を発掘する。
発掘
人間的成長のためのプログラム
競技能力開発のためのプログラム
育成
〈才能ある競技者の育成〉
競技団体は、可能性のある競技者を選抜し、多様な能力を発揮できるように育成する。多種目に通ずる才能の育成、多種目へのチャレンジの可能性も奨励する。
選　抜
〈可能性のある競技者の発掘〉
競技団体は、可能性のある競技者を発掘する。
発掘
〈地域スポーツの土壌の充実〉
競技団体は才能を持った子ども達が地域のスポーツ活動を通じて多く輩出されるよう、各地域でのスポーツ活動を奨励し、指導組織を充実する。この土壌は生涯スポーツにとっても、重要なものである。
地域でのスポーツ活動
発育・発達

(㈶日本オリンピック委員会 一貫指導システムプロジェクト中央班、1998年による)

図1●発育・発達に合わせた一貫指導

競技者がスポーツ活動に挫折したり、離脱（オーバートレーニングによる障害や興味の喪失、バーンアウト症候群など）したりするのを防ぐことにもつながり、ひいてはスポーツ競技の発展や生涯スポーツにもつながるのです。

2 発育・発達に応じた運動・スポーツ

❶人の発育・発達段階

図2は、人が生まれてから成人になるまでの成長（発育・発達）段階を示したものです。人の成長段階は、年齢に応じて、幼児期―児童期―思春期―青年期を経て成人期に至りますが、女子と男子の成長を比べると、女子の成長は、男子よりも2年早いという特徴（性差）が見られます。つまり、女子の方が男子よりも早く思春期を迎えるということです。また、「アンダー13」の時期は、男子では児童期から思春期前半、女子では児童期後半から思春期にあたります。

次に、図3は年齢による身長（発育）の増加割合を示したものです。身長は、生まれて間もなくと、

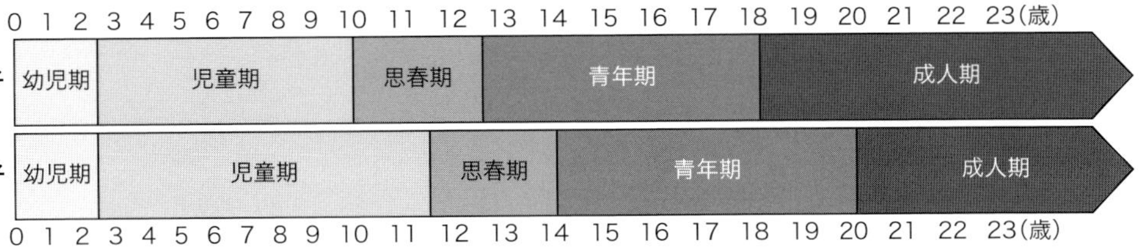

図２●人が成人になるまでの発育・発達段階（IAAF、1991 年）

思春期（12 ～ 14 歳頃）に大きな伸び率を見せます。そして、後者を「思春期スパーク（急伸期）」と呼んでいますが、男子は 14 歳頃、女子は 12 歳頃がこれにあたります。しかし、このスパーク期は、個人差が大きく、男子では、早い者は 12 歳、遅い者は 16 歳とされていますし、女子の早い者は 10 歳、遅い者は 14 歳とされています（表 1 参照）。

ここで注目したいことは、身長の伸びは全身一律ではなく、発育段階（時期）によって成長の著しい部位が異なるということです。例えば、思春期までは脚部の伸びが著しく（図 4 参照）、伸び方が著しいということはそれだけ弱く、傷つきやすいことを意味します。よって、トレーニングにおいて脚部に大きな外力が加えられたり使い過ぎたりすれば、外傷・障害を引き起こしてしまうことになります。この時期における脚部の傷害が、身長の伸びやその後のスポーツ・陸上競技活動を行っていく上で、大きな痛手となることもありますので、十分に気をつけなければなりません。

また、児童期から思春期前半までの発達の特徴として、神経系の伸びの著しいことがあげられます。なかでも、9 ～ 12 歳は「ゴールデンエイジ」（「4 ゴールデンエイジ期」参照）と呼ばれ、「即座の技術習得」（技術の習得が容易に行える）が可能な時期だとされています。

以上で述べてきたように、正しく効果的な指導を行うためには、人の成長段階やその特徴をよく理解しておくことが必要です。

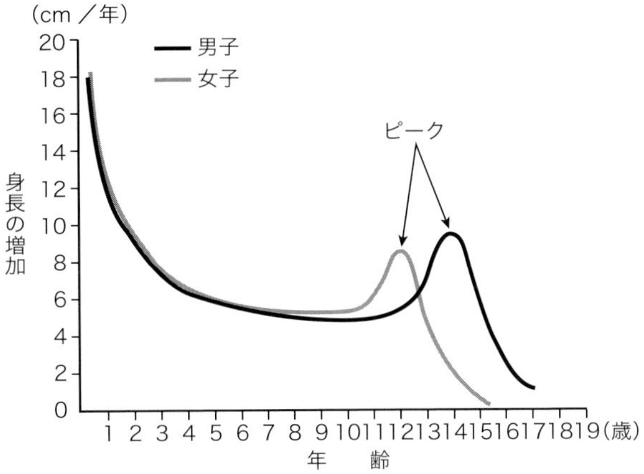

図３●年齢による身長の増加割合（IAAF、1991 年）

表１●成長のピークの年齢差

	早 い	平 均	遅 い
男 子	12 歳	14 歳	16 歳
女 子	10 歳	12 歳	14 歳

（IAAF、1991 年）

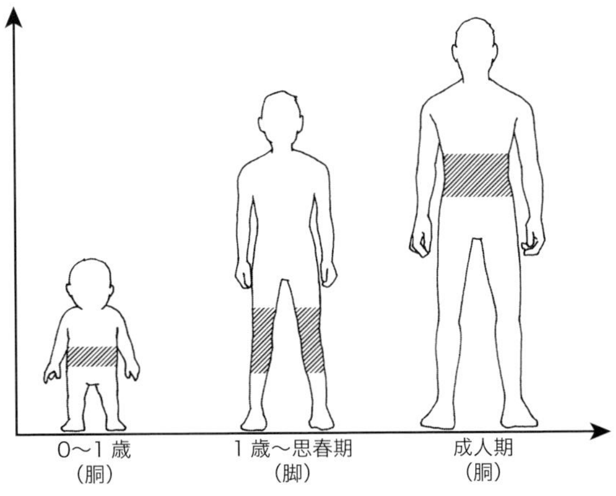

図４●時期によって異なる成長の著しい部位（IAAF、1991 年）

❷器用な子どもを育てるために

器用な子どもを育成するためには、4～9歳頃が大切であるとされています。器用であるということは、大脳からの命令が筋肉にうまく伝わるということですが、この仕組みが最も発達するのが4～9歳頃だというわけです。

器用な子どもを育成するためには、この時期に様々な動き――直立姿勢の動き、変形姿勢（曲げる、捻るなど）の動き、高低移動の動き、物を持った動き、動きに対応した動き（相手、水、ボール、リズム、縄跳びなどに対応）――をまんべんなく身に付けさせることが必要です。

以上の動きの中で、「動きに対応した動き」は4歳で活発になり、6～7歳で急速に伸びるとされており、この時期に相手の動きに対する反応、泳ぐ、ボールを投げる・打つ・捕る・キックする、リズム運動、縄跳びなどによる様々な動き作りを行うことが大切です（学校体育授業事典（1995）p. 242. 大修館書店）。

❸プレ・ゴールデンエイジ期

5～8歳頃は「プレ・ゴールデンエイジ期」と呼ばれています。この時期は、次にくるゴールデンエイジ期（9～12歳頃）の前段階として大切な時期です。この時期は様々な動き作りやスポーツ・運動を行うことによって、神経系の配列をできるだけたくさん作っておくことですし、特にスポーツに関連した動作の習得や調整力（リズム、バランス、タイミング、巧緻性、協応性など）を養成しておくことです。

神経系は、筋系や呼吸・循環器系と違って、トレーニングや運動経験によって一度神経経路が作られると、その後ほとんどトレーニングを行わなくても消失しにくいものなのです（図5参照）。例えば、自転車や鉄棒（逆上がりなど）、スキーやスケートなどのように、一度覚えると、久しぶりに行ってもすぐにできるのは、神経経路ができているからです。よって、早い時期（児童期）に、運動やスポーツに関する基礎的な動作やスキルを獲得しておくことが必要なのです。

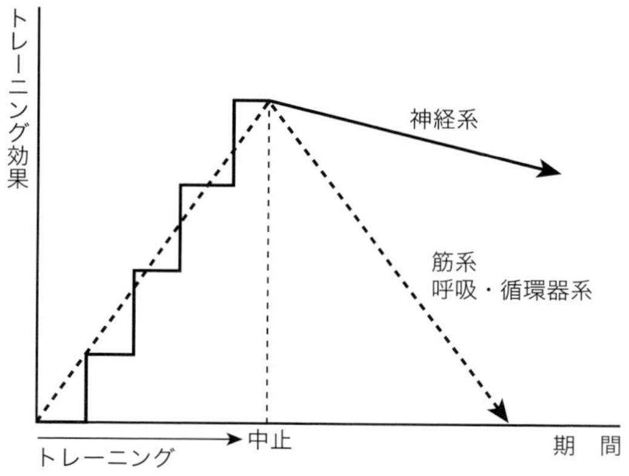

（大橋浩司（2001）体育科教育，49(15)，大修館書店.）

図5 ●トレーニング効果の推移

昔は、自然の中での遊びや様々な戸外遊びによって、種々の動きやスキルを身に付けることができましたが、現在では環境が大きく変化し、子ども達が野外・戸外遊びを行うことが少なくなったため、遊びによって種々の動きのパターンを身に付けることが難しくなっています。そこで、今の子ども達には、それを補うための様々な動きやスキルを身に付けさせるための指導が、必要になっているわけです。

❹ゴールデンエイジ期

プレ・ゴールデンエイジ期に続いて、「ゴールデンエイジ期」を迎えます。年齢的には、9～12歳頃がこの時期にあたるとされています。図6は、発育・発達の概念図ですが、図中の色の濃い部分がゴールデンエイジ期にあたります。この時期は、「即座の技術習得」が最も可能な時期であることから「ゴールデンエイジ（黄金年齢）」と呼ばれているわけです。

この時期は、「大脳の可塑性（脳・神経が柔らかいこと）」と「筋・骨格系、動作習得のレディネス（準備性）」の両方が高い水準で整っているために、動きやあらゆるスキルの習得が、容易に行える生涯唯一の絶好期であるというわけです。

よって指導者は、この時期を見逃してはならず、種々のスポーツやゲームを行わせたり、陸上競技の走・跳・投の様々な動きやスキルを、正しく身に付けさせるよう指導することです。この時期におけるスポーツや陸上競技の多種目の技術の習得は、後になって、専門種目の技術を向上させる上で非常に役立つことになります。

❺ポスト・ゴールデンエイジ期へ

「ポスト・ゴールデンエイジ期」の13歳頃は、ホルモン（成長ホルモン、性腺ホルモン）の多量な分泌により「思春期（第二次性徴）」を迎えます。また、身長のスパーク期と一致するので、十分な栄養や睡眠をとり、発育を最大限重視するとともに、柔らかく弱い骨や関節を酷使しないよう配慮してトレーニングを進めることが必要です。[*1]

さらに13～14歳頃までには、速筋線維の発達に伴い「敏捷性」が急激に発達します。また、「呼吸・循環器系」機能も発達しますので、「持久力」の養成においても効果的な時期となります（図7参照）。

以上述べたように、ポスト・ゴールデンエイジ期は、様々な身体的変化が起きる中で、身長のスパーク期がほぼ終了するため、女子では13～14歳頃から、男子では16歳頃から、筋力・パワーを養成するウエイト・トレーニングが導入できるようになります。その結果、今まで習得した技術をより速く、よりパワフルに行えるようになり、一気にパフォーマンスが高められます。なお、図6の中で見られる13歳頃の動作習得のレディネス曲線の落ち込みは、「クラムジー」と呼ばれる一時期の現象を示しています。この時期は、身長が急激に伸びるために、体の支点・力点・作用点に狂いが生じ、動きや技術にぎこちなさが出てくるというものです。そうした時には、あせらず、しっかりと動きの修正や調整を

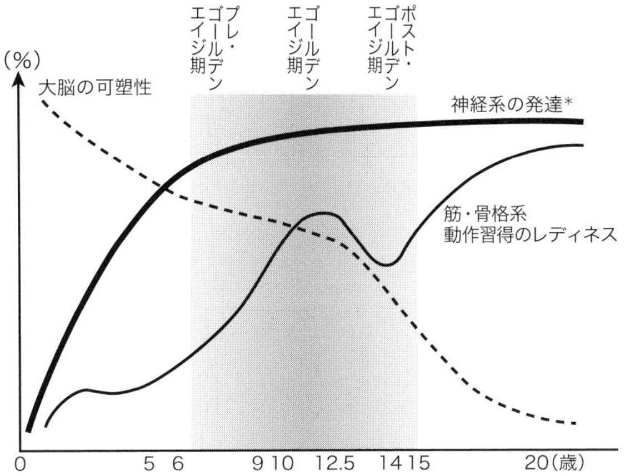

＊ 20歳を100%とした割合（スキャモン、1930年）
（山口隆文（2005）ユース年代の指導. 現代スポーツ評論, 12. 創文企画.）

図6 ●発育・発達から見たゴールデンエイジの概念

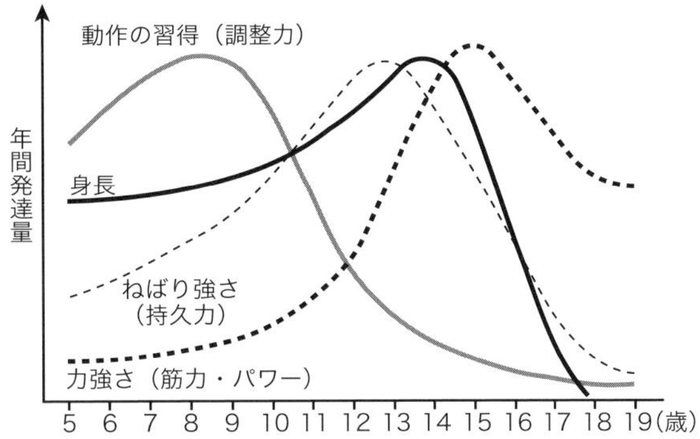

（山口隆文（2005）ユース年代の指導. 現代スポーツ評論, 12. 創文企画.）

図7 ●発達のパターン

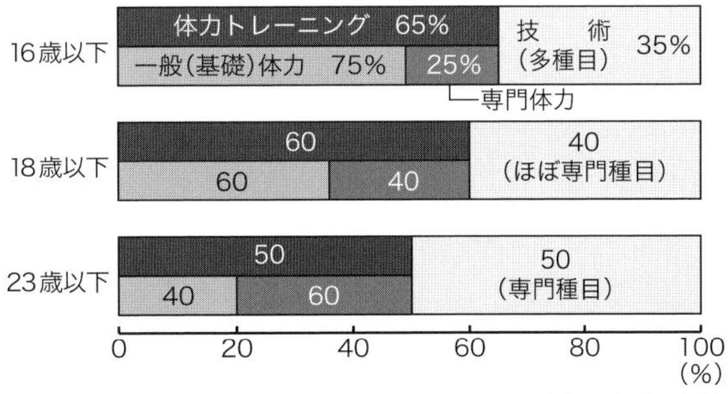

(King, Ted. 1996)

図8 ●年齢に応じたトレーニングの構成と配分

＊1　過度なダイエットは、エネルギーのほか、鉄分やたんぱく質、カルシウムなどの栄養不足を招きます。こういった状態で、過度なトレーニングが継続されると、貧血になったり、女性ホルモンの分泌低下から初経が遅れたり、月経が止まったりします。さらに、カルシウム摂取不足と相まって骨粗鬆症や疲労骨折のリスクを増大させます。「痩せれば記録が向上する」という安易な一言が、拒食症などの摂食障害発症の契機になることもあります。

図ることが必要となります。

ところで、ポスト・ゴールデンエイジ期は、13 〜15歳頃の「身長急伸(スパーク)期」から始まり、16〜18歳頃の「身長急伸期以降」へと移ります。そして、身長の伸びがほぼ停止する「発育完了時期」(19歳)以降は、トップ競技者を目指して、本格的な厳しい専門種目のトレーニングを中心に実施していくことになります。この点で、図8に示した各年齢段階におけるトレーニングの構成と配分のめやすは、大変参考になるものです。

表2 ●現代の子どもの「発達加速化現象」

■発達加速現象

成長加速現象	身長や体重など量的側面の成長が加速する現象
成熟前傾現象	性的成熟の時期が早期化する現象

■現代の日本の子ども

- 体力・運動能力は低下傾向
- 精神的未熟さがみられる
- 体のコントロールが上手にできない

原因としては、不健全な食生活、受験戦争や遊びの変化にともなう運動不足が関係していると考えられる。

(山下登美代(2002)図解雑学・発達心理学. ナツメ社より作成)

表3 ●今の子どもと親の世代の身長・運動能力の比較

	男子		女子	
	親の世代	今の子ども	親の世代	今の子ども
身長(cm)	142.1	145.1 (+3.0)	144.4	147.0 (+2.6)
50m走(秒)	8.8	8.9 (-0.1)	9.1	9.2 (-0.1)
ソフトボール投げ(m)	34.4	29.5 (-4.9)	20.0	17.2 (-2.8)

※親の世代は昭和51年度の11歳、今の子どもは平成18年度の11歳。

(文部科学省、2008年)

3 アンダー13のための指導の留意点

❶現代の子どもの発育・発達の特徴と問題

今の子ども達は、身体的な成長が著しく早熟であると言われます。つまり、人間の身長や体重、性的な成熟は青年期において完成しますが、この速度が早くなっていることが確認されています。この現象を「発達加速現象」(表2)と言います。この現象には、「成長加速現象」と「成熟前傾現象」とがあり、前者は身長や体重の発育が早まっていることを言い、後者は初潮や精通といった性成熟の時期が早まっていることを言います。

こうした「発達加速現象」の原因は、生活様式の変化や食生活の向上、スポーツの実施など、生活の近代化や都市化が影響しているとされています。

このような子ども達の「発達加速現象」がみられる中で、体力や運動能力はそれと反比例の関係にあり、年々低下していることが文部科学省の調査からも明らかにされています。また、体力の低下に伴い、ケガ[*2]や骨折が増加する傾向にあることも指摘されています。さらには、体のコントロールが下手なことや、昔の子ども達に比べて精神的に未熟なことも指摘されています。こうした今の子ども達に見られる特徴の原因としては、不健全な食生活や受験戦争(早期化や厳しさ)、遊びの変化(戸外遊びや仲間との遊びの減少、室内遊びの増加)などが考えられています。

事実、子どもの走る、跳ぶなどの運動能力は20年前と比べると大きく低下しています。表3は「今の子どもと親の世代の身長・運動能力の比較」を文部科学省(2008)が示したものです。親の世代は昭和51年(1976年)度の11歳の値であり、今の子どもは平成18年(2006年)度の11歳の値です。

この30年の経過は、身長を大きく伸ばしたものの、50m走やソフトボール投げなどの運動能力を低下させてしまったのです(図9)。今の子どもの運動能力や体力を低下させた主な原因としては、テ

＊2 「小学生の怪我の数は、昭和53年度に34万4380件であったのが、平成元年度に43万8445件に、平成18年度には46万3817件へと伸びた」と述べられています(金子昌世(2007)体育科教育, 55(10) pp. 14-17)。

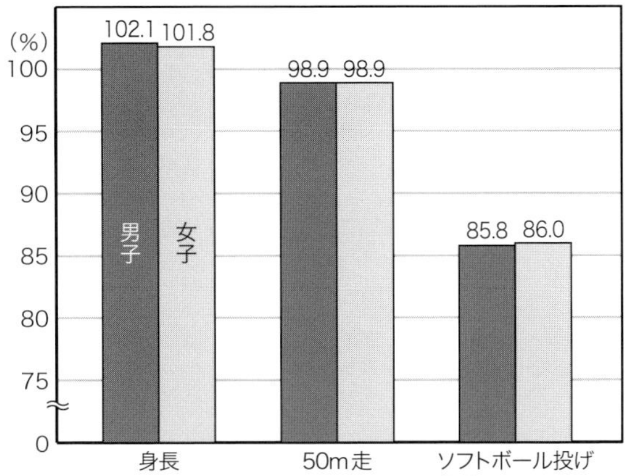

※親の世代を 100 とした時の今の子どもの指数。
表 3 をもとに作成。

図 9 ●今の子どもと親の世代の 11 歳時の身長・運動能力の比較

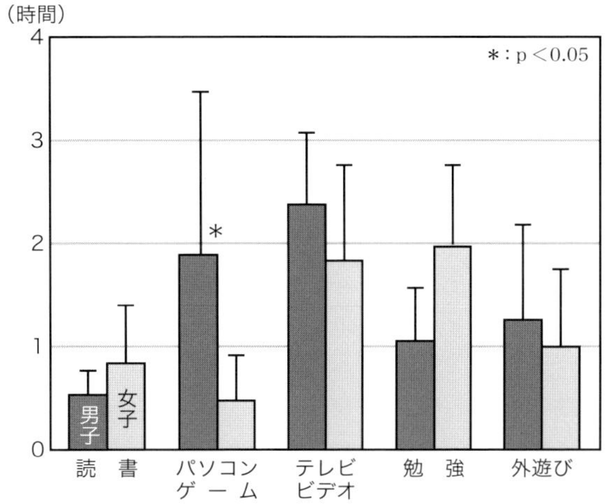

(伊藤・岡野ら、2007 年を改変)

図 10 ●第 22 回（2006 年）全国小学生陸上競技交流大会優勝者（男女各 6 名）の放課後の過ごし方

レビ・室内ゲーム遊びの登場、受験戦争の低年齢化や塾通いなどによって、体を使って遊ぶ機会が減少したことがあげられています。

❷現代の子どもの生活の特徴と問題

今の子どもは「習い事」で忙しいようです。『毎日新聞』(2008 年 4 月 28 日付）によると、母親 100 人に、子どもの習い事の数について質問したところ、最多だったのは「2 種類で 33 人」、「4 種類以上は 20 人（4 種類 11 人、5 種類 9 人）」で全体の 2 割を占め、「習い事は子どものためになる」、「才能を見いだしたい」などの理由をあげる母親が多かったそうです。また、先の『毎日新聞』によると、ベネッセ教育研究センターの「子育て生活基本調査」(2007 年 9 月調査）では「子どもの将来を考えると、習い事や塾に通わせないと不安」と答えた親は 48％に上り、1998 年時の調査よりも 7 ポイント増加していたそうです。

図 10 は、「第 22 回（2006 年）全国小学生陸上競技交流大会優勝者（男女各 6 名)」の日常生活（放課後）の過ごし方についての調査結果です。男子では、テレビ・ビデオ、パソコン・ゲームの時間がどちらも 2 時間前後で非常に多いのが目立ちます。これに対して、外遊びと勉強はともに約 1 時間であり、読書は 30 分になっています。女子では、勉強が 2 時間で最も多く、次にテレビ・ビデオが多く、外遊びは 1 時間となっています。男女を比較すると、女子は明らかにパソコン・ゲームが少なく、勉強・読書の時間が多いのが特徴でした。現代の子どもは「室内での遊び・娯楽」時間が多いことが指摘されていますが、全国大会優勝者についても、この傾向が見られたと言えます（特に男子の場合)。

以上の 2 例から、現代の子どもは「習い事や塾」に多大な時間を費やし、また多くの時間を「室内遊び・娯楽」で過ごすというのが特徴のようです。同時に、昔は圧倒的に多かった「戸外遊び[＊3]」が非常に少なくなっているのです。

平井信義（1998）は、『子どもの能力の見つけ方・

＊3　昔の遊びは、男子が野球、かくれんぼ、鬼ごっこ、魚釣り、キャッチボール、自転車、また女子はかくれんぼ、縄跳び、まりつき、鬼ごっこ、ままごとであったように、全て「戸外遊び」でした。これが、1980 年代に入ると、男子がゲーム、マンガ、野球、模型作り、魚釣りとなり、女子がマンガ、ゲーム、絵描き、歌を歌う、読書と「室内遊び」の割合が増大したとされています（小林登編（1985）新育児学読本．日本評論社)。

伸ばし方』(PHP 文庫）の中で、「毎日の生活の中では体を張って遊ぶことが体力を養い、友達を作り、意欲や自発性の育成にとって非常に重要である」と述べています。指導者はこのことを十分に認識し、スポーツや運動の指導に当たるとともに、十分な睡眠をとること、朝食を必ず食べることやバランスよく栄養をとることについても、アドバイスをする必要があります。

❸長期的トレーニング過程からみた児童期（アンダー 13）の課題

表４は、長期的トレーニング過程からみた各段階におけるスポーツ・トレーニングについて、マトヴェイエフ（1985）によるものを、筆者がまとめたものです。マトヴェイエフは多年にわたるトレーニング段階を、「1. 基礎的トレーニング期」「2. スポーツ能力を最大限実現する時期」「3. 長命の時期」の３つに分け、それぞれの時期におけるトレーニング課題を示しています。

表４にあるように、児童期は基礎的トレーニング期の「予備的トレーニング段階」にあたることが示されていますが、この時期では様々なスポーツに興味・関心を持たせることが課題であり、なによりも「狭めない」ことが必要であるとされています。このように、児童期においては、スポーツや陸上競技・運動の走る・跳ぶ・投げるといった様々な運動を楽しませることがなによりも重要なのです。

IAAF（1991）は、図 11 のとおり、「年齢に沿ったトレーニングの進め方」を示しています。これによると、10 歳時のトレーニングにおいては、陸上競技と他のスポーツとを合わせて行うようにし、18 歳に向けて徐々に陸上競技のトレーニング割合を増やしていくよう示しています。また同時に、10 歳時においては、多くの一般的（基礎的）トレーニングを行うようにし、18 歳に向けて徐々に選択種目（陸上競技専門種目）の専門的トレーニングを増やしていくよう示しています。

表４　長期トレーニング計画（多年にわたる過程としてのスポーツ・トレーニング）

1. 基礎的トレーニング期
①予備的トレーニング段階＝小学校（7 ～ 12 歳） ・様々なスポーツに興味・関心をもたせる（狭めない） ②専門的基礎的トレーニング段階＝ 12 ～ 16 歳以下 ・幅広い全般的トレーニング、多種目競技（3 ～ 5 種目） ・専門的選考開始の段階——準備期が優位を占め、試合期は短縮される
2. スポーツ能力を最大限実現する時期
①最高潮前段階＝徹底的専門化（17 ～ 22 歳） ・専門的トレーニングの増加と試合期の増加 ・トレーニング負荷の総量と強度の増加 ②好成績段階＝最高成績（ピーク）を示す段階＝ 22 ～ 28 歳 ・4 年サイクルの計画——オリンピック＝ 2 年の十分な準備＋試合モデル化 1 年＋実現 1 年
3. 長命の時期
①成績維持の段階 ・負荷の全体量の増加抑制、技術の改善と試合経験を生かす ②全般的トレーニング維持の段階（30 ～ 40 歳） ・健康増進・レクリエーション

（マトヴェイエフ、江上修代訳（1985）ソビエトスポーツ・トレーニングの原理．pp. 349-361，白帝社．をもとに岡野が作成）

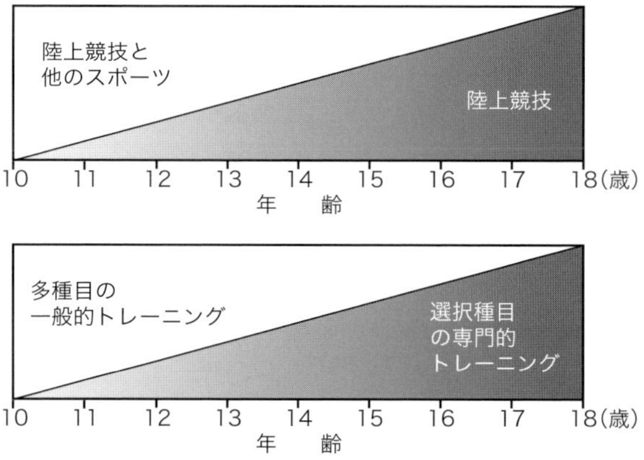

図 11 ●年齢に沿ったトレーニングの進め方（IAAF、1991 年）

ところで、わが国では 1985 年から小学生の全国大会が始まりました。もちろん、この大会（現在の名称は「全国小学生陸上競技交流大会」）は、チャンピオンシップ（選手権大会）ではなく、陸上競技の魅力（競争や自己記録への挑戦や更新）にふれる楽しさや面白さを、子ども達に味わわせることがねらいです。ここで、気をつけなければならないことは、全国大会に出場するために、また勝つことを目指して、出場種目に集中したハードなトレーニングを行わせないことです。それは、児童期の段階で専門種目を決め、それに専心することは、将来の伸びを危うくする危険性が高いからです。

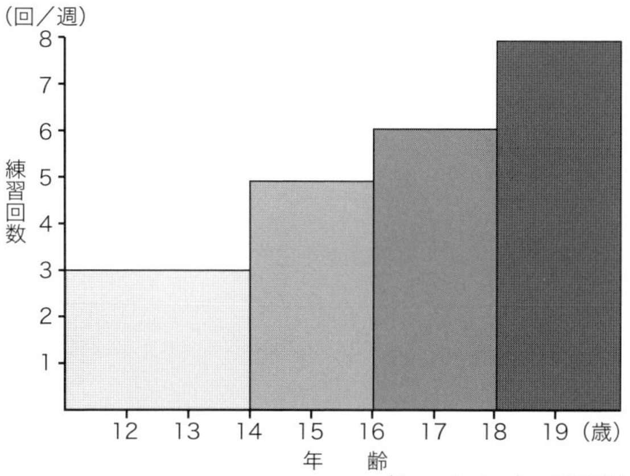

(シュマンベック、1986年)

図12 ●ジュニア期における年齢ごとの1週間の練習日数（2部練習を含む）

❹妥当な子どもの練習日数

子どものスポーツが盛んになりはじめた頃、日本医師会（1990）は「発育期のスポーツ障害の予防についての注意事項」として、「練習時間は1日2時間以内にとどめること、また週に1〜2日は練習を休みにすること、投げ過ぎ、走り過ぎなど同じ動作をくり返さない、1つの種目に限定しないこと」などを示しました。

また、日本体育協会スポーツ医・科学研究所（1989）は、小学生の「1週間の練習時間とケガの発生率について」調査した結果、「週当たりの練習時間が多くなるほど、外傷・障害が増えていた」とし、「1週間4時間以下の練習では、外傷・障害の発生率は7.0%であったが、1週間14時間以上の練習では、その発生率は21.3%と大幅（約3倍）に増加した」ことを報告しています。

図12はジュニア期における年齢ごとの1週間の練習回数について示したものですが、「アンダー12」においては、週3回（日）以内が適切であるとされています。

一方、日本陸連普及委員会が「第19回全国小学生陸上競技交流大会（2003年）」に参加した指導者（125名）の回答を集計した「日常のクラブ活動状況」を表5に示しましたが、これによると週1〜3日練習しているクラブが約8割でした。この点、多くのクラブ練習は、ほぼ適切な範囲で進められていると言えます。しかしながら、週4〜6日練習しているクラブが、約15%あったことには驚かされます。

ところで、「第20回大会（2004年）」出場者（906名）の8月（大会実施月）の1週間の練習日数は、男子が3.5±1.8日、女子が3.7±1.6日だったので、大会前（8月）の練習日数は男女ともほぼ週2〜5日ということになり、日常よりも増える傾向にあり

表5 ●クラブの活動状況——1週間の練習日数と1日の練習時間

時間／日 日／週	1時間以内		1.5時間		2時間		2.5時間		3時間		合計	
	人数	%	人数	%	人数	%	人数	%	人数	%	人数	%
隔週	0	0.0	2	1.6	6	4.8	1	0.8	0	0.0	9	7.2
1日	2	1.6	2	1.6	31	24.8	1	0.8	3	2.4	39	31.2
2日	4	3.2	7	5.6	19	15.2	2	1.6	2	1.6	34	27.2
3日	6	4.8	6	4.8	9	7.2	2	1.6	0	0.0	23	18.4
4日	3	2.4	3	2.4	4	3.2	0	0.0	0	0.0	10	8.0
5日	3	2.4	0	0.0	5	4.0	1	0.8	0	0.0	9	7.2
6日	0	0.0	0	0.0	0	0.0	1	0.8	0	0.0	1	0.8
合計	18	14.4	20	16.0	74	59.2	8	6.4	5	4.0	125	100.0

「第19回全国小学生陸上競技交流大会（2003年）」に参加したクラブ指導者127名の中で、回答者125名（98.4%）、無回答者2名（1.6%）。

（日本陸連普及委員会、2003年）

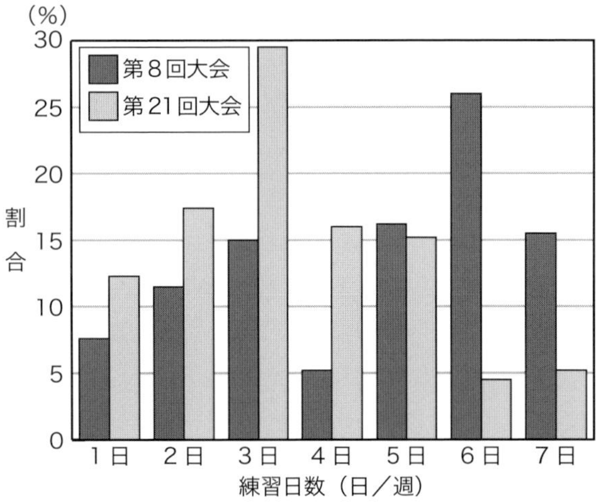

日本陸連普及委員会が行った各大会出場選手のアンケート調査結果をもとに作図。女子もほぼ同様。

図１３●全国大会を目指しての８月の練習日数の大会別比較（男子）

ました。なお、この８月の練習日数は、大会を重ねるごとに少なくなる傾向を示しており、最近では、「週２・３日型」が多くなってきているのは、誠に好ましいことだと言えます（図 13 参照）。

しかしながら、図 13 に見られるように、「全国大会」に出場するということや勝つことを意識し、週５・６・７日も練習を行う選手・チームがかなりあることも確かです。「アンダー 13」の競技者（子ども）の場合は、前述したとおり週３日以内、１日２時間くらいの練習にとどめておくことが、疲労を蓄積させないで練習効果を上げるためにも、またケガ防止のためにも必要であることを理解しておくべきです。

❺早期の専門化とオーバー（ハード）トレーニングの弊害

早期の専門化とは、早い時期から専門種目をしぼり、そのトレーニングに集中するやり方を言います。早期に専門化すると、トレーニングを開始した初期の段階では、急激なパフォーマンスの向上が見られますが、そのうちケガをしたり、練習の単調さから興味を失ったり、記録の停滞や低下を招いて、やがては競技から離脱（ドロップアウト）していくことが警告されています。もちろん、この早期の専門化に、ハードトレーニングが加えられたとしたら、その弊害は一層大きくなるはずです。

一般的に、わが国の子どものトレーニングは、欧米諸国に比べてオーバートレーニング状態にあることが指摘されています。例えば、「練習漬け」という言葉がありますが、こうした状態に置かれた子ども達の心身は、どれほど蝕まれていることでしょう。

アメリカで合意されている「１種目に専心せず、多種目を経験させる」という子どものスポーツへの取り組ませ方は、早期の専門化を避けるだけでなく、様々なスポーツや運動・競技に関心を持たせ、楽しませることがなによりも大切であるということを示唆するものです。

❻早期スポーツ教育とその問題点

最近、ゴルフやテニス、野球、卓球、フィギュアスケートなどで活躍する若い選手に注目が集まっていますが、彼らはほぼ５～７歳という早い年齢段階でスポーツを始めています。最近の「エリート・スポーツ教育」流行《ばやり》は、こうした若い選手の活躍と関連しているものと思われます。

ここで、指摘しておきたいことは、「スポーツは早く開始すればするほど良い」という安易な考え方は、危険であるということです。確かに、音楽や先にあげたゴルフやテニスなど、技術性の高いスポーツの開始年齢は早い方が良いかもしれませんが、適正なスポーツ開始年齢は、その競技の技術・技能的特性によって異なると考えられます。また、なによりも怖いのは、「早期スポーツ教育」による早期専門化がもたらす弊害（記録の伸び悩み、興味の喪失、傷害、バーンアウト症候群など）でしょう。

この「早期スポーツ教育」に関して、永井洋一(2007) は「少年時代の天才をつくるのは、さほど難しいことではないのです。その少年時代の天才が、そのまま本物の天才アスリートになるかどうかは、まったく別の話です」と述べるとともに、「本物の

オフシーズンの球技は様々な基礎体力を養ってくれる

アスリートになれるかどうかは、類い稀な筋肉の遺伝子（素質）が必要であり、……スポーツ教育の早期教育を徹底すれば、だれでも天才アスリートになれるという幻影は捨てなければなりません」と述べていることには、耳を傾ける必要があります。

いずれにしても、「早期スポーツ教育」が万能であるはずはなく、それよりも、子どもの将来の芽を摘んでしまう危険性があることを知っておくべきです。

❼目先の勝利ではなく、将来を見据えた指導

「目先の勝利を目指した指導」では、早期に種目を専門化し、厳しいトレーニングを施すので、間もなくパフォーマンスは急激に高まります。しかし、一時の勝利は得られるものの、やがてパフォーマンスは停滞してしまいます（「❺早期の専門化とオーバー（ハード）トレーニングの弊害」参照）。

これに対して、「将来を見据えた指導」では、発育・発達段階に応じて種々のスポーツや陸上競技・運動（多種目）のトレーニングを施すので、子ども達に興味を抱かせながら、無理なく安全に進めることができます。この場合、初期のパフォーマンスは必ずしも急激には高まりませんが、高いモチベーションやしっかりとした基礎的体力・技術が養成されていることから、本格的な専門的トレーニング段階に入ってからのパフォーマンスは、急激に高められます。もちろん、この場合でも、全ての選手がトップになれるとは限りません。しかし、たとえトップ選手になれずに競技を終えても、生涯にわたってスポーツや陸上競技を愛好し続けることができるでしょう。

いずれにしても、これからの指導者は、目先の勝利を目指す選手育成ではなく、大器晩成型の選手育成を心がけることが必要なのです。

❽楽しい競技会の設定

図14は、発育・発達段階や競技レベルに応じた競技会の設定とトレーニング課題について、IAAF（国際陸連、1991）が示したものです。IAAFは、この図とともに「トレーニングはいつも長期計画の一部分として考えなければならない」と指摘しています。

ところで、競技会というと、通常は良い成績（記録）を上げることが目標とされますが、年齢や競技レベルが低い段階では、必ずしも良い成績を上げることが目標とはなりません。つまり、図中にあるように、14歳以下の段階においては「一般的に楽し

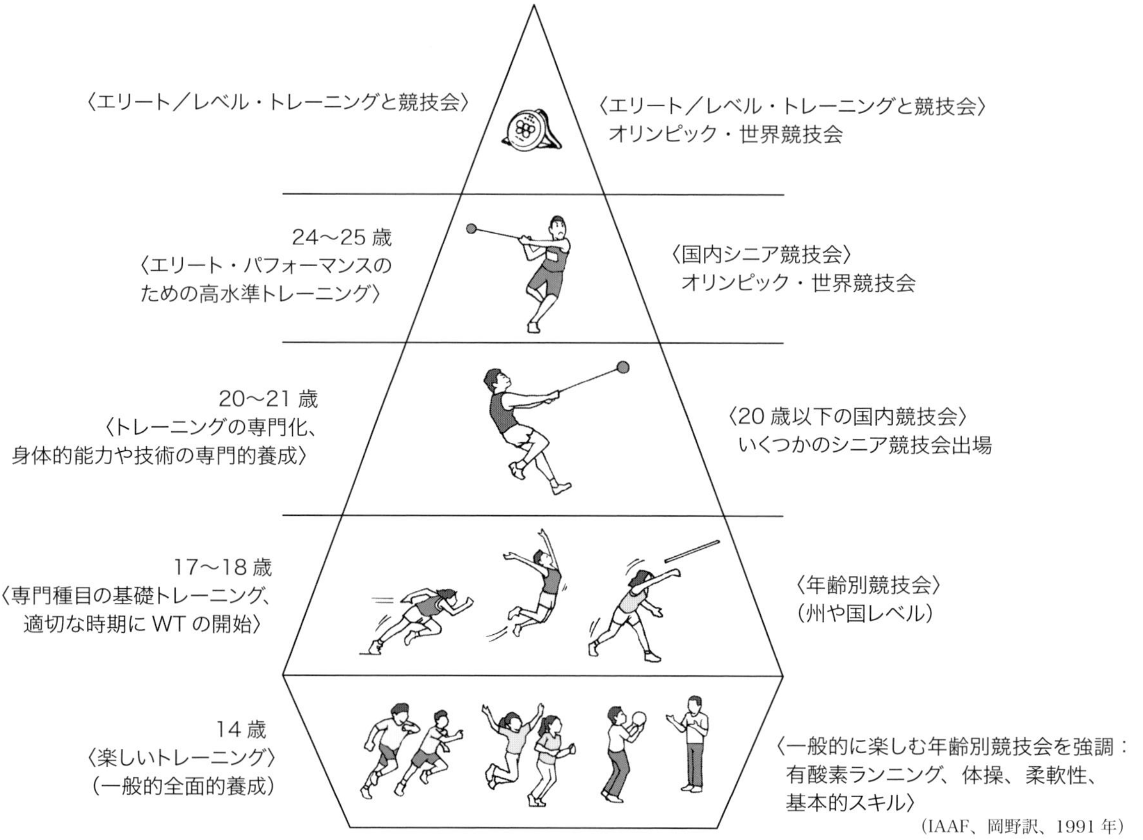
〈エリート／レベル・トレーニングと競技会〉
〈エリート／レベル・トレーニングと競技会〉
オリンピック・世界競技会
24～25歳
〈エリート・パフォーマンスのための高水準トレーニング〉
〈国内シニア競技会〉
オリンピック・世界競技会
20～21歳
〈トレーニングの専門化、身体的能力や技術の専門的養成〉
〈20歳以下の国内競技会〉
いくつかのシニア競技会出場
17～18歳
〈専門種目の基礎トレーニング、適切な時期にWTの開始〉
〈年齢別競技会〉
（州や国レベル）
14歳
〈楽しいトレーニング〉
（一般的全面的養成）
〈一般的に楽しむ年齢別競技会を強調：
有酸素ランニング、体操、柔軟性、
基本的スキル〉
（IAAF、岡野訳、1991年）

図14●発育・発達段階（年齢）や競技レベルに応じた競技会の設定とトレーニング

む年齢別競技会を強調する」ことですし、またIAAFが「競技会は、12歳までは非公式なものにすべきである」と述べているとおりです。

「楽しむ（楽しい）競技会」は、子ども達に与えるプレッシャーを抑えるとともに、陸上競技・運動の面白さ・楽しさにふれさせることから、子ども達に陸上競技を好きにさせ、その後の陸上競技活動に取り組むエネルギーを与えてくれることになります。

なお、「楽しい競技会」で実施する種目や規則などは、「全国大会」で実施されている規定のものにこだわる必要はなく、あくまでも子ども達に適した種目や行い方（規則）を工夫すれば良いのです。

❾楽しい練習の指導法

アンダー13の指導（練習）では、楽しい活動にすることがなによりも重要です。このためには、陸上競技・運動の特性（魅力）にふれさせるような指導をすることです。陸上競技・運動の特性としては、「競争」と「達成」があげられます。「競争」とは相手や仲間（チーム）との競い合いを楽しむことですし、「達成」とは、自己やチームの目標を定めて、それに挑戦していくのを楽しむことです。

「競争」の指導では、あまり競争させることを煽ると、子どもに与えるプレッシャーが大きくなるので注意する必要がありますが、競争の仕方を工夫したり、チーム（グループ）での競争やリレー形式にすると楽しい活動となります。

「達成」の指導では、子ども達に適正な目標（記録や技術的課題など）を持たせ、その達成に向けて挑戦させるようにします。明確な目標記録や技術の到達目標を持たせることは、意欲的な活動につながるばかりか、目標を達成した時の喜びや嬉しさは、さらに次の目標に向けての強いモチベーション（意欲）となるはずです。

ここで大切なことは、目標の設定レベルです。あまりに高すぎる目標はやる気をなくさせてしまいますし、学習無力感（何をやってもダメだと思うこと）を持たせる恐れがあるので、子ども達それぞれに応じて、低過ぎたり高過ぎたりしない適切な目標を持たせるよう指導する必要があります。また、注意すべきことは、目標（記録）を達成させるために、タイムトライアルばかりさせるのは危険だということです。タイムトライアルの連続は、子ども達にプレッシャー（ストレス）を与え続けることから、興味喪失につながってしまうことになりかねないからです。

いずれにしても、指導に当たっては、陸上競技・運動の「競争」と「達成」という 2 つの特性（魅力）をうまく融合させた練習計画を立てることが大切です。

⑩子どもの陸上競技・運動指導の要点

IAAF（1991）は、子どもの陸上競技・運動の指導の要点（「指導者が留意すべき事」）として、以下の 10 項目をあげています。

・若い選手のための最小限のルールを確保すること。
・競技会はおよそ 12 歳まで、非公式なものにすべきである。
・彼らの準備が整うまで、大人のような競技会に子どもを置くことを避けよ！
・いかなる犠牲を払っても、勝つためのプレッシャーを与えるな！
・彼らの努力を認めてあげなさい。
・子どもに適した陸上競技を見つけてあげなさい。
・子どもに適した大きさの設備や道具を使用しなさい。
・より良い学習（練習）をするために、ルールを変更しなさい。
・できるだけ小さなグループで行いなさい。
・問題解決に創造的（クリエイティブ）であれ！

以上の 10 項目は、指導者が子どもを指導する際の具体的な留意点として重要な事項です。なお、最後にあげられている「クリエイティブ（創造的）」な指導とは何でしょうか？　このことについては、日本サッカー協会の山口隆文（2005）が「ユース年代の指導」の中で述べている箇所を、以下に引用しておきます。

「最近の指導者実践の中では、『教え過ぎ』、『しゃべり過ぎ』が多く見られます。知識を注入しようとし、懇切丁寧に説明するのです。子ども達が持っている感性や、問題解決能力を引き出すことをせずに、答えを先に教えてしまうのです。我々の指導は、子ども達が自ら判断し、行動できる力を養成しなければなりません。そのためには、もっと我慢し、見守る姿勢を大切にしなければなりません。ピッチでの主役は指導者でなく子どもです」。

⑪よく食べ・よく寝ることの必要性

最近の子ども達の就寝時刻は、遅くなっていると言われています。図 15 は「第 19 回全国小学生陸上競技交流大会」出場者の就寝時刻を示したもので

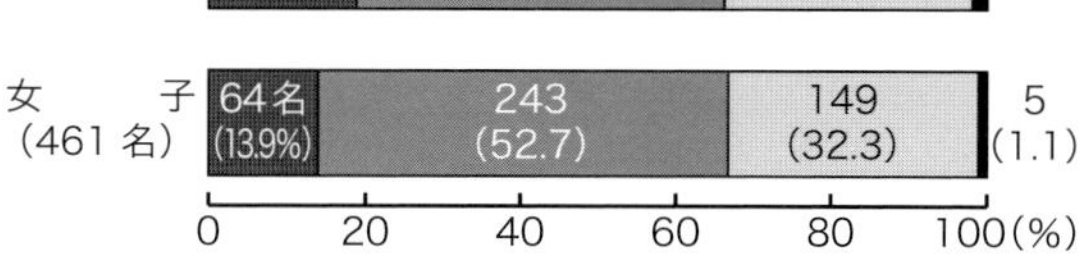
22 時前
22〜23 時
23 時以降
無回答
男　子
（463 名）
87 名
(18.8%)
219
(47.3)
148
(32.0)
9
(1.9)
女　子
（461 名）
64 名
(13.9%)
243
(52.7)
149
(32.3)
5
(1.1)
0
20
40
60
80
100(%)
（日本陸連普及委員会調査ならびに大会報告書をもとに作図）

図 15 ●第 19 回全国小学生陸上競技交流大会出場者の就寝時刻

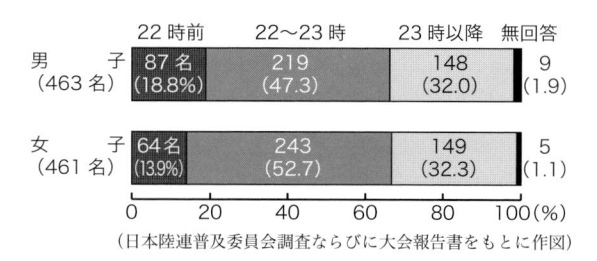

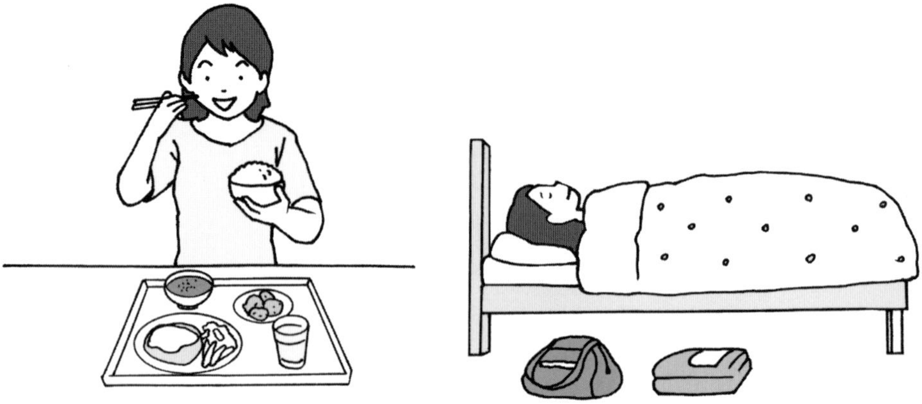

試合前は疲労を残さず、食事や睡眠もよくとろう！

すが、23 時以降に就寝している者が、男女とも約 32%でした。この年代では、8 時間睡眠は絶対に必要ですので、23 時前には就寝したいものです。なお、「第 21 回大会（2005 年）」の同調査からは、男子の睡眠時間は 8.28±0.50 時間、女子は 8.20±1.20 時間であり、平均的には男女とも 8 時間前後の睡眠をとっていました。

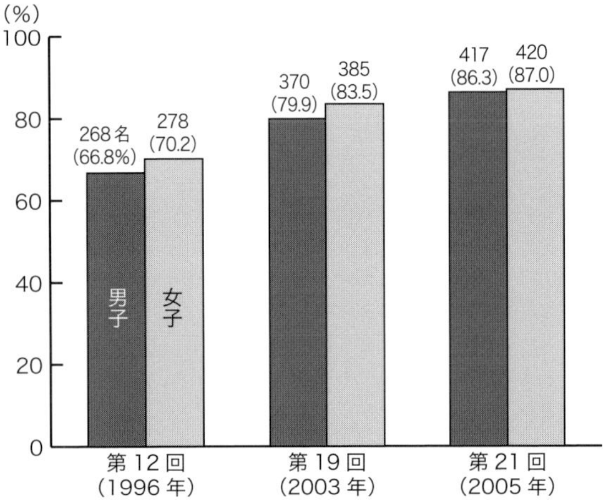

※各大会の出場者数（回答者数）は異なる。
（日本陸連普及委員会調査ならびに大会報告書をもとに作図）

図 16 ●全国小学生陸上競技交流大会出場者の「三食きちんと食べる」人数（割合）

次に、図 16 は「全国小学生陸上競技交流大会」出場者の食事について、「三食きちんと食べる」と答えた人数（割合）を示したものです。大会を重ねるごとに、数値は明らかに改善されているのがわかります。これは、最近、食の重要性が認識され、家庭や学校、クラブや日本陸連普及委員会などが行うようになった「食育」の成果だと思われます。

スポーツ・陸上競技を行う子ども達にとって、十分な睡眠や食事・栄養の摂取は、十分な活動（トレーニング）を行う上で、また疲労を回復させる上でたいへん重要であることを、指導者や親達は教えるべきです[＊4]。また、早い段階で、「よく食べ、よく寝る」ことを中心とした規則正しい生活を送ることの重要性を認識させ、習慣づけさせることが大切です。この点については、文部科学省が実施した「2008 年度全国体力・運動能力、運動習慣等調査」からも、「朝食をきちんと食べてよく寝ている子は体力がある」ことが明らかにされています。

＊4　朝食の習慣がない（朝食を欠食する）と、低体温に陥りやすいことや低血糖を招きやすいことなどから、午前中の活動に悪影響を及ぼすことが報告されています。また、テストの間違いが多かったり、記憶や単語を思い起こす時間が長かったり、体力も低いことが報告されています（大畑好美・岡野進編著（2006）小学生の陸上競技指導と栄養・スポーツ傷害．pp. 138-143．創文企画）。

⑫勉強とスポーツの両立

勉強は、これから生きていくために必要な学力や教養を身に付けるために、また中学校や高校、大学へと進学していくためにも必要です。よって、スポーツを継続していく選手にとっては、勉強とスポーツとを両立させていかなければなりません。そして、できれば両方で成功を収める「文武両道」を目指したいものです。

ところで、勉強の成果を上げるうえで大切なことは、なによりも日々の授業を大切にすることですし、学校が終了してからの余暇時間を有効に過ごすことです。生活上、少なくとも1日3時間くらいは自由時間がとれるでしょうから、その中の1.5～2時間くらいは集中して、勉強（予習・復習）をしたいものです。

いずれにしても、子ども達が規則正しい生活を送る中で、スポーツにも勉強にも意欲と集中力を持って取り組めるよう導きたいものです。そのためには子ども達に、トップ選手になるためには、何事においても意欲と集中力を持って臨むことの大切さを理解させることです。

勉強も毎日しっかりとやろう！

■引用・参考文献

平井信義（1998）子どもの能力の見つけ方・伸ばし方．PHP文庫．

林恒明・宇土正彦監修（1995）学校体育授業事典．p. 242．大修館書店．

IAAF (1991) Introduction to Coaching Theory.

伊藤宏・岡野進ら（2007）第22回全国小学生陸上競技交流大会に出場した優秀選手の体力、心理的側面と疾走能力について．陸上競技研究紀要，第3巻，pp. 47-53．

金子昌世（2007）なぜいま「キッズスポーツ」ブームなのか．体育科教育，第55巻10号，pp. 14-17．

毎日新聞．2008年10月28日，2009年1月22日．

マトヴェイエフ、江上修代訳・川村毅監修（1985）ソビエトスポーツ・トレーニングの原理．白帝社．

文部省（2000）スポーツ振興基本計画．

永井洋一（2007）少年スポーツ　ダメな指導者・バカな親．合同出版．

日本オリンピック委員会（1998）一貫指導システム構築のためのモデル事業中間報告書．

日本陸上競技連盟普及委員会（2003）第21回全国小学生陸上競技交流大会報告書．

日本陸上競技連盟普及委員会（2005）第23回全国小学生陸上競技交流大会報告書．

岡野進（1998）小学生のための陸上競技指導教本．創文企画．

岡野進（2002）陸上競技の競技者育成プログラム策定―トップ競技者の育成をめざして．日本陸上競技連盟．

岡野進編著（2007）小学生の陸上競技指導と栄養・スポーツ傷害．創文企画．

岡野進（2007～2009）普及振興・選手育成に関する調査・研究プロジェクト報告をもとに（その1～19）．陸連時報．日本陸上競技連盟．

山口隆文（2005）ユース年代の指導．現代スポーツ評論，12，pp. 92-109．創文企画．

山下登美代編著（2002）図解雑学・発達心理学．ナツメ社．

column

挨拶やマナーを大切にしましょう

　あなたは、いつも挨拶をしていますか。友達に、近所の人に、先生に、そして陸上競技を教えてくれている指導者に……。こういった顔見知りにだけではなく、競技会で会った審判の人達にも挨拶ができると良いですね。

　挨拶は、色々な人達と仲良くなるためのきっかけになります。笑顔で挨拶をかわせば友好の輪は広がっていきます。「おはよう」「こんにちは」「さようなら」、そして感謝の意を伝える時は「ありがとう」。魔法の言葉のように、心が打ち解けていきますよ。

　また、みんなが気持ち良く競技や練習ができるように、１人ひとりがマナーを大切にすることも重要です。

「スタートの時には周囲の人は静かにする」「競技や練習が終わったら走り幅跳び、走り高跳び、リレーなどのマークは片付ける」「土のグラウンドを使用した時には、後に使う人のためにグラウンドをならす」「練習では走ったり跳んだりする順番を守る」「グラウンドに落ちているゴミを拾う」など、守るべきマナーはいくつでもあげることができます。

　マナーには決まったものはないので、自分で考えて実行に移せるようにしましょう。

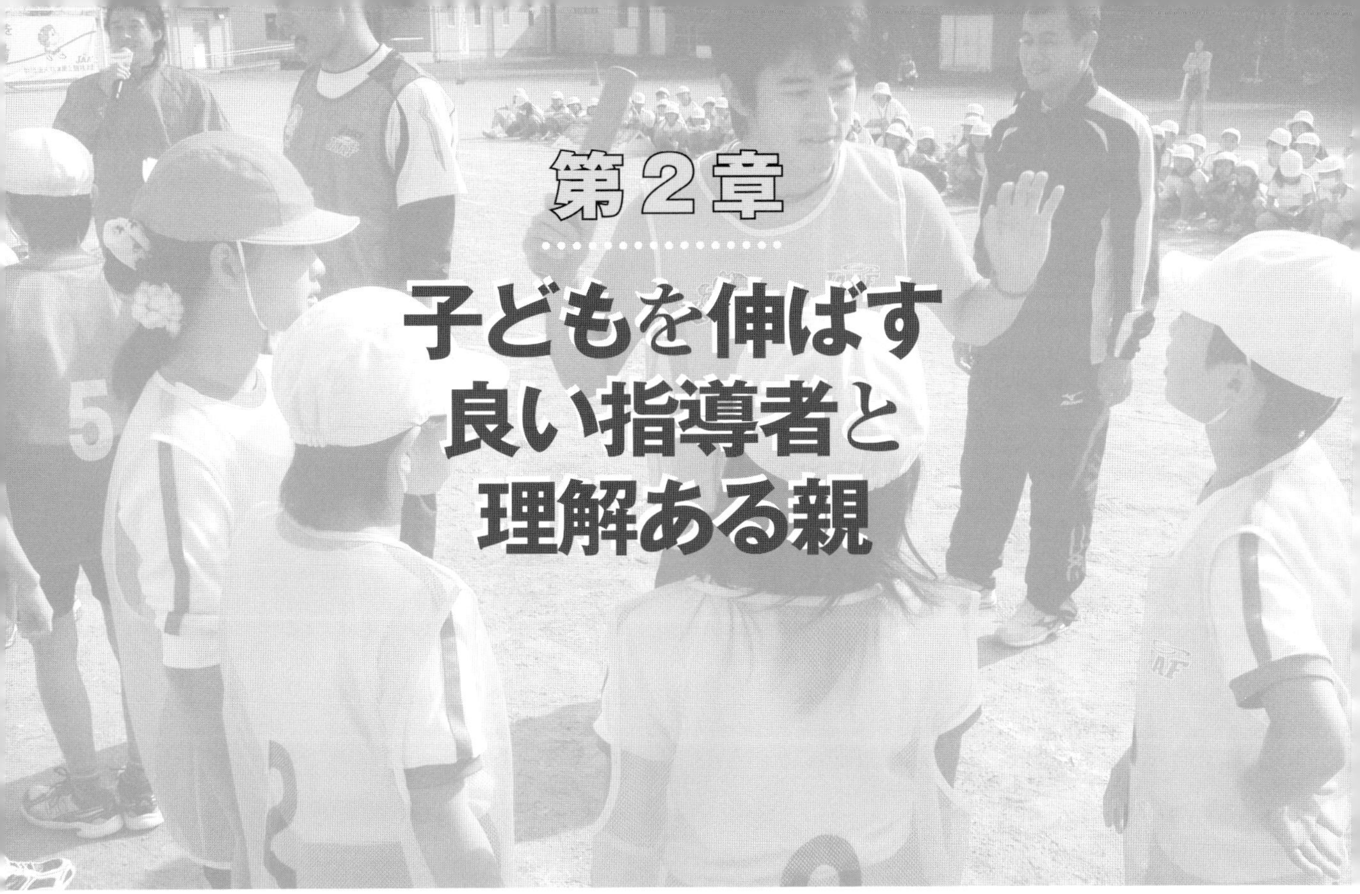

第２章

子どもを伸ばす良い指導者と理解ある親

1 アンダー 13 の指導で大切なこととは？

指導者や親の役割は、子どもの潜在能力を引き出し、個人の成長を手助けすることです。

⑴発育・発達段階に応じた指導を

１章で述べたように、子どもの間で発育・発達速度には非常に大きな違いがあります。そのため、指導者や親は、それぞれの子どもの成長や技能レベルに合わせた最適なトレーニング課題を与えることが重要です。

⑵仲間との比較より達成感を

指導者や親は、仲間と比較したり、結果を強調したりしすぎないようにすることも大切です。仲間との比較や結果に対して一喜一憂するのではなく、子どもに対して達成可能な目標を設定し、どんどんチャレンジさせ、成功した時の達成感が得られるような工夫をすることが大切です。

2 アンダー 13 の指導の目的は？

指導の目的は、大きく分けて、①子ども達を人間的に成長させること、②スポーツの楽しさにふれさせること、③競技で勝たせることの３つがあります。

アンダー 13 の指導では、上記の３つの目的のうち、子どもの発育・発達段階を考慮して、①子ども達を人間的に成長させること、②スポーツの楽しさにふれさせることに重点を置くことが大切です。

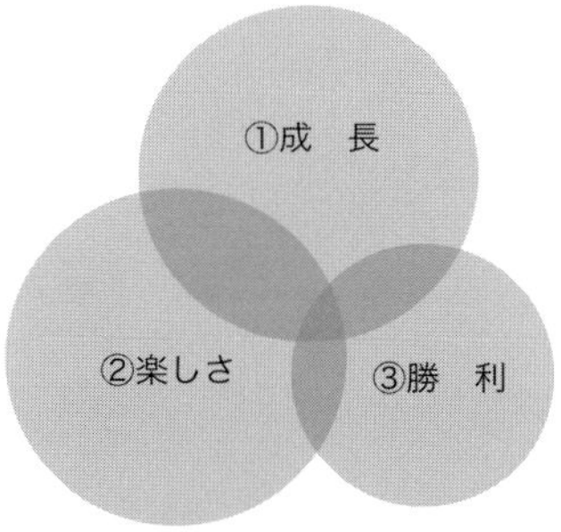

図１●アンダー 13 の指導の目的

3 子どもを伸ばす「良い指導者」とは？

子どもがスポーツをする上で、大人の助力は重要です。競技中に指導者や保護者がかける言葉も、大切な助力のひとつです。良い指導者は、子どもへの言葉がけが上手です。

では、子どもを伸ばす言葉がけとはどのようなものなのでしょう。

❶ほめる

子どもの指導で最も大切なことはほめることです。できた時には思いきりほめてやりましょう。「今のはすごく良かった。上手くなったね。センスがあるね。」と現状を肯定することからはじめ、「どんどん上達しているよ。これからが楽しみだ。将来の君が見たい。」など、将来にわたり可能性が無限にあるように言葉がけをすることが大切です。

指導者や保護者の一言が子どもを勇気づけ、育てます。指導者や保護者の一言は子どもの人生を変えるくらいの大きな意味を持っているのです。

「あせらなくても君ならできる。」

表１●子どもを伸ばす言葉

○上手くなったね
○センスがあるね
○今のはすごく良かった
○どんどん上達しているよ
○教えがいがあるよ
○教えに来るのが楽しみだ
○君の方が、私が君ぐらいの歳だった時より上手だよ
○これからが楽しみだ
○いい選手になるよ
○将来の君が見たい
○あせらなくても君ならできる
○ありがとう
○うれしいよ
○無理をするな
○君達と一緒にできて幸せだ　　など

（井形高明・武藤芳照・浅井利夫編集『新・子どものスポーツ医学』南江堂より）

❷励ます

子ども達が競技中に、もう一歩勇気が出ない時、失敗を恐れてためらっている時に、「もう少しでマスターできる。頑張れ。」「あせらなくても君ならできる。」など、励ましの声をかけてやることは、子どもの能力を引き出す助けになるでしょう。また、一生懸命競技した結果、思ったような記録が出なかった時でも、結果にかかわらず、「思い切って良くやった。」「積極的でいいレースだったね。」などと励ましてやることも、子どもが努力を続ける上での力になります。

❸強い愛情

子ども達の成長を第１に考え、強い愛情を持って接していることを素直に伝えてやることも大切です。「教えに来るのが楽しみだ。」「君達と一緒にできて幸せだ。」など、素直に子ども達に愛情を伝えると、今まで以上に一生懸命練習に打ち込むようになるでしょう。また、体調の悪そうな子どもに、「無理をするな。」などと気遣いをすることにより、子どもは大切にされていることを確認することができます。

4 子どもを伸ばせない「ダメな指導者」とは？

子どもの力を引き出せないダメな指導者には、共通する言葉がけや行動があります。では、それはどのようなものなのでしょうか。

❶「けなす」言葉

子どもが一生懸命競技をしているにもかかわらず、結果が思わしくない場合に、「そんなこともできないのか。」「センスがない。」「練習していても無駄さ。」などとけなすことは、子どもの欲求不満や怒りを生み出す原因になります。

さらに、「お前には向かない。」「もう練習しなくていいから帰れ。」「やめてしまえ。」など、将来の可能性を否定するような言葉は、子どもの人生を変えるくらいの大きな意味を持つ場合があるので、決して口にしてはいけない言葉です。

❷体　罰

子どもが、練習や競技会において失敗をしてしまった時や、指導者の言われた通りにできなかった時などに、「罰としてグラウンド５周ランニング。」「罰としてうさぎ跳び。」というような体罰を与えることも決して良い行動とは言えません。

子どもに体罰を与えて気合を入れているのだ、などという根拠のない言い訳やつじつま合わせをしているだけでは、子どもの成長は期待できません。失敗をしてしまった原因、言われた通りできなかった理由を大人は冷静に分析したいものです。

❸罵倒や侮辱

「バカ、アホ、ドジ、マヌケ。」や「バカ野郎。」など、子どもを罵倒するような言葉や、大声で怒鳴る行為は、大人の怒りや不満、エゴを発散しているだけにすぎません。また、「ブタ。」「デブ。」「ちび。」など身体的特徴に関する言葉も慎みたいものです。

子どもは子どもなりに考えて一生懸命に競技に打ち込んでいます。その結果、失敗することも当然ながら起こり得ます。そういう時こそ、大人は温かい目で子ども達を見守ってやる必要があるのです。

表２●子どもをダメにする言葉

○もう練習しなくていいから帰れ
○センスがない
○そんなこともできないのか
○お前のせいで負けた
○練習していても無駄さ
○そんなの幼稚園児でもできるぞ
○やめてしまえ
○バカ、アホ、ドジ、マヌケ
○罰としてうさぎ跳び
○お前には向かない
○全然上達していない
○下手になった
○根性がない
○ブタ　　など

（井形高明・武藤芳照・浅井利夫編集『新・子どものスポーツ医学』南江堂より）

罰としてうさぎ跳び

5 子どもから見た「良い指導者」とは？

子どもから見た良い指導者には共通するいくつかの特徴があります。そのうちの主たるものをあげてみましょう。

表３●子どもから見た良い指導者

- ○ひいきなしで平等に扱ってくれる
- ○わかりやすく、やさしく教えてくれる
- ○できるようになるまで教えてくれる
- ○なぜ失敗したか教えてくれる（説明してくれる）
- ○成功するとほめてくれる
- ○ときどき遊ばせてくれる（指導者も一緒に遊ぶ）
- ○自由時間をくれる（休み時間をくれる）
- ○基礎的な練習から高度な技術まで、ちゃんと教えてくれる
- ○指導者が実際に模範を示して教えてくれる
- ○指導者が良い例や悪い例を示して教えてくれる
- ○失敗した時、困っている時、慰めてくれる

（横浜市教育委員会・横浜市体育協会発行『少年スポーツ指導ハンドブック』）

❶説明がわかりやすい

子ども達に練習やトレーニングの目的、方法、効果をわかりやすく説明することは大切です。説明の時は、わかりやすい表現を心がける必要があります。ただし、説明が長すぎて理屈っぽいのはいけません。簡単に、手短に要点を伝える方が印象に残ります。

また、一度に伝える内容は１つか２つにしましょう。一度に多くを伝えても消化不良になるだけです。基礎的な技術から高度なものまで子どもの能力に応じて、適切に指導することが大切です。

そして、たとえ失敗をしても、なぜ失敗をしたかを丁寧に説明し、できるようになるまで指導することが大切です。

❷手本を見せてくれる

言葉だけでなく「手本を見せる」ことも大切です。小学校期は視覚や聴覚などの感性で捉えることが効果的な時期です。指導者が技術指導などで実際に模範を示したり、良い例や悪い例を示して指導することが大切です。

良い例は上手な子どもに見本を示させると本人の自信につながり、効果的なことがありますが、悪い手本として用いると、逆に自信をなくす場合があるので、指導者自らが手本になるようにしましょう。

指導者はいつでも手本を示すことができるようにトレーニングを積んでおきたいものです。

指導者は見本を見せよう

❸平等に扱ってくれる

小学校期は、成長の度合いによって体力のある子やない子、体格の大きな子や小さな子と様々です。その全ての子どもを「ひいきしないで平等に扱う」ことも大切です。とかく指導者は、走るのが速い子、高く跳べる子に目を奪われがちですが、どの子もこれから伸びる可能性を秘めており、平等に扱われる権利があります。技能レベルや成長の度合い、男女差などを考慮しながら全ての子ども達を平等に指導できることが指導者にとっては重要です。

6 子どもから見た「ダメな指導者」とは？

子どもから見たダメ指導者にも共通するいくつかの特徴があります。そのうちの主たるものをあげてみましょう。

❶よく怒る

子どもから見て嫌な指導者とは、失敗をした時に「大声で怒鳴る」「すぐに怒る、ぶつ」「注意や説教が必要以上に多い」「失敗するとすぐ悪口を言う」など、失敗をした時のネガティブ（否定的）な対応に関するものが目立ちます。子どもは、幼い心で判断し、決断し、一生懸命競技に打ち込んでいます。指導者の目から見れば未熟で不十分なことばかりでも、失敗をとがめるのではなく、積極的にチャレンジしたことを称え、「一生懸命やれば、たとえ失敗しても認めてくれる。」と子どもが思えるように指導すべきです。そう思えば、次からも恐れずにチャレンジできるでしょう。

❷ひいきをする

子どもから見て「ひいきをする」「上手な子だけを中心に面倒を見る」指導者も嫌な指導者です。子ども達は、走ったり、跳んだり、投げたりする陸上競技が好きで集まってきているのです。友達と一緒に楽しく走り回りたいのです。それなのに、速い、遅いなどを理由にひいきをされたのでは不快な気持ちになってしまいます。指導者は、常に平等を心がけて指導するようにしたいものです。

❸適度な休みを与えない

発育・発達段階にある子ども達は、個人差が大きく、特に男女差が生じてくる時期です。指導者は子ども達の体調管理には十分な配慮が必要です。「休みなしで練習ばかりさせる。」「疲れていても、休ませてくれない。」「体の調子が悪いのに、無理をさせる。」など、子ども達の体調を無視して練習をさせることは決して良いことではありません。常日頃から子ども達の体調を的確に把握して、適度な休息や休養を与えることも指導者の大切な仕事のひとつです。

表４ ●子どもから見た嫌な指導者

○大声で怒鳴る
○すぐに怒る、ぶつ
○ひいきをする
○注意や説教が必要以上に多い
○声が小さく、よく聞こえない
○上手な子だけを中心に面倒を見る
○失敗すると、すぐ悪口を言う
○失敗すると、すぐ交代させる
○練習が難しすぎる（よくわからない）
○休みなしで練習ばかりさせる
○自由時間がない
○疲れていても、休ませてくれない
○難しいことをさせる（例：強いノック、難しいノックなど）
○体の調子が悪いのに、無理をさせる
○しゃべりすぎで、練習や試合の時間がなくなる

（横浜市教育委員会・横浜市体育協会発行『少年スポーツ指導ハンドブック』）

注意や説教が必要以上に多い

7 「理解のある(賢い)親」とは？

❶子どもの活動を応援する

なぜ陸上競技をするのかと子ども達に尋ねると、子どもは「楽しいから。」と答えます。実はこの楽しさと、子どものスポーツ活動への親の関わり方が、密接に関連しているのです。例えば、親が陸上競技活動への参加を奨励し、促進していると感じる時、子どもは楽しさを感じる傾向にあります。

もちろん子ども同士、友達と一緒に同じ活動ができる「楽しさ」、走る・跳ぶ・投げるといった陸上競技の特性にふれる「楽しさ」もありますが、親が応援してくれているという安心感や満足感からくる「楽しさ」も子ども達は持っているのです。子どものためにも、子どもの活動を積極的に応援しましょう。

❷温かく見守る

親の言動はその内容や状況によって、子どものスポーツへの態度にプラスに働くこともありますが、逆にマイナスになることもあります。過度に結果を求めたり、期待をかけすぎたりしないで、長い目と大きな心で温かく見守り、支えてやることが大切です。

子どもが活動を楽しめるようにするために、個人の上達を目指すようにし、勝つことや他人との比較を重視する傾向は、極力減らすようにしたいものです。

❸指導者と共に子どもを育てる

スポーツに限らず成長過程の子どもに接する時、大人には常に教育的配慮が求められるはずです。指導者は、技術指導をするだけでなく、子どもの人間的・社会的な成長にもよく配慮をする必要があります。

そのためには、指導者が展開した指導を親が後押しし、協力することが大切です。親が指導者と同じ価値観・倫理感を持って子ども達を育てていくことが大切なのです。

親は温かく見守ろう

8 「理解のない親」とは？

❶過度な期待を持つ

スポーツをする環境の中で、親も重要な役割を果たしています。子どものスポーツへの参加に過度に関わる親もあり、時にはその親の存在が大きなストレス源となることもあります。

程度の差こそあれ、親は子どもと自分を同一視するものであり、子どもに良くあって欲しいと願うものです。それが時に行き過ぎると、子どもが親の一部となってしまうことがあります。そうなると、子どもを通して親自身が「勝者」「敗者」となるために、子どもにのしかかるプレッシャーは極度に高くなるのです。

単なる競技以上のものがそこには含まれており、子どもは重い負担を抱えてしまうことになるのです。過度な期待をせずに、のびのびとスポーツを楽しませてやりましょう。

❷勝利至上主義に走る

勝つことや他人に打ち勝つことを重視する傾向(勝利至上主義)や「何が何でも勝つ」という考えは、子どものスポーツ環境にとっても、成長する子ども達にとっても望ましくない影響をもたらします。

競技結果に対して子どもがネガティブ（否定的）な評価を受けることを心配していたり、スポーツに参加して良い成績を出すように親から圧力をかけられていると感じている時には、不安を感じたり、バーンアウトを経験し、途中で陸上競技をやめてしまうこともあります。この時期の子どもには、「勝つこと」よりも「楽しさ」や「人間的成長」を期待しましょう。

❸指導者の指導を阻害する

指導者が陸上競技の楽しさや人間的な成長を目指して指導しているにもかかわらず、「うちの子を強くしてほしい。」と願い出てくる親がいます。指導に関しては、指導者を信頼して任せましょう。指導者も日々勉強しています。

過度な期待は子どもにプレッシャーを与える

9 指導者自身が自己評価する方法とは？

指導方法は、日進月歩しています。子ども達から信頼され、親から評価されるためにも、指導者は常に自身の指導方法を評価しておく必要があります。

表５に「指導者の役割チェックシート」、表６に「指導者の条件・自己評価表」を掲載しました。指導力の向上や自身の指導の評価に役立ててください。

表５●指導者の役割チェックシート

教師として――新しい知識、技術、考えを提供できているか？
訓練者として――身体能力を向上させることができているか？
指導者として――活動や練習を指揮することができているか？
やる気を引き出す存在として――明確で決定的な方法を提供できているか？
しつけをする者として――報酬と罰のシステムを定められているか？
監督として――組織立て・計画ができているか？
管理者として――事務作業ができているか？
宣伝係として――マスコミに対応できているか？
ソーシャルワーカーとして――カウンセリングを行い、アドバイスできているか？
友人として――サポートできているか？
科学者として――分析、評価、問題解決ができているか？
学習者として――聞き、学び、新しい知識を身に付ける態度を持っているか？

(IAAF)

表６●指導者の条件・自己評価表

以下の記述は有能な指導者を表すのに用いられています。自分が受け持っている競技者が自分自身をどう評価するか予想し、最も当てはまる評定に○をつけましょう。自分が競技者に選んでもらいたい評定ではなく、競技者が実際に選ぶと思うものに○をつけましょう。また、自分が改善しなければならないと思うものをチェックしましょう。

指導者としての条件	低い	普通	高い	改善内容
競技の知識	1	2	3	
てきぱきしている	1	2	3	
正直である	1	2	3	
品格がある	1	2	3	
資格がある	1	2	3	
熱心である	1	2	3	
努力家である	1	2	3	
時間を守る	1	2	3	
矛盾がない	1	2	3	
分別がある	1	2	3	
良い聞き手である	1	2	3	
個人的に支援してくれる	1	2	3	
自信を付けてくれる	1	2	3	
動機付けを高めてくれる	1	2	3	
良い教師である	1	2	3	
励ましてくれる	1	2	3	
称賛してくれる	1	2	3	
尊重してくれる	1	2	3	
忍耐強く待ってくれる	1	2	3	
ユーモアがある	1	2	3	

(IAAF)

第3章

陸上競技・運動の楽しい練習方法と指導

Ⅰ—基本の運動（走・跳・投の基本的な動き作りの運動）

小学生（アンダー 13）段階の発育・発達上の特徴を十分に踏まえた上で、様々な動きの経験を通して、「走・跳・投」の基本的な動き作りを行い、陸上競技への「導入」および「移行」を図るための運動を紹介します。ここでは練習のねらい、練習方法と指導上の留意点について述べることにします。

運動する子ども達の意識は、「運動は楽しいもの*」であり、運動することが楽しいから、さらに運動に挑戦しようとするのではないでしょうか。ゆえに運動が楽しくなければ、子ども達の意欲は急減し、ひいては陸上競技との出会いの段階で「陸上競技は楽しくないものだ」といった致命的なマイナスイメージを子ども達に植えつけてしまうことにもなりかねません。したがって、この段階では楽しみながら行える「遊び、ゲーム」としての要素が必要であり、指導者には子ども達と共に楽しむ姿勢や場を盛り上げる工夫が要求されます。そして、子ども達が楽しく、夢中になって遊んだ結果として「陸上競技の基礎的な体力要素や動きが自然に身に付いた」と言えるようになることが重要です。

＊ 「運動は楽しいもの」の中には「運動すること自体が楽しい」ということの他に、「仲間と一緒に行う楽しさ」や「チームの一員として参加する楽しさ」、「チームとの一体感を得る楽しさ」なども含まれます。このような意味からチームゲーム、チーム対抗形式で行うことは有効な手段となります。

1　ウォーミングアップの運動

ウォーミングアップとして行う運動ですから、全身的な運動で体を温めたり、神経系の反応を促進したりすることがねらいとなります。

また仲間との身体的な接触がある運動を協力し合って行うことにより、気持ちが打ち解け合えるように、楽しく行わせることが実施上のポイントとなります。

❶ジャンケンゲーム

ねらい

２人組になり、ジャンケンを利用して行うゲームです。視覚から入ってきた刺激を脳で素早く判断して、適切な行動を引き出すといった神経系の素早い反応を促進することがねらいです。

行い方

Ⓐ－１　ジャンケン足し算

「グーが１」、「チョキが２」、「パーが５」と数を指定して、２人がジャンケンで出した手に応じて足し算をして、できるだけ早く答えを言うゲームです。早く答えを言った方が勝ちとなります。

例えば、「グーとチョキ」であれば「１＋２」で「3」が答えとなりますので、早く「3」と言った者が勝ちとなります。

Ⓐ－２　ジャンケン引き算

ジャンケン足し算と同様に行いますが、足し算の代わりに引き算で行います。ただし、引き算をする際は大きい数から小さい数を引くようにします。

例えば、「グーとパー」であれば、「５－１」で「4」となります。

Ⓐ－３　ジャンケン掛け算

ジャンケン足し算と同様に行いますが、足し算の代わりに掛け算で行います。

例えば、「チョキとパー」であれば、「２×５」で「10」となります。

Ⓑジャンケン手叩き［写真１］

２人組になり、左手でしっかりと握手をしたまま、互いに右手でジャンケンを行い、勝った者が負けた者の左手の甲を叩きます。ジャンケンに負けた者は自分の左手の甲を叩かれないように、右手で防ぎます。

ジャンケンに勝った者が負けた者の左手の甲を叩けば、ジャンケンに勝った者が勝ちとなり、ジャンケンに負けた者が右手で防ぐことができたらジャンケンに負けた者が勝ちとなります。

Ⓒあっち向いてホイ

ジャンケンをして、勝った者が負けた者の顔の前に指を出し、「あっち向いてホイ」と言いながら、上下左右のどこか一方向へ指を動かします。ジャンケンに負けた者は勝った者が動かす指と反対の方向

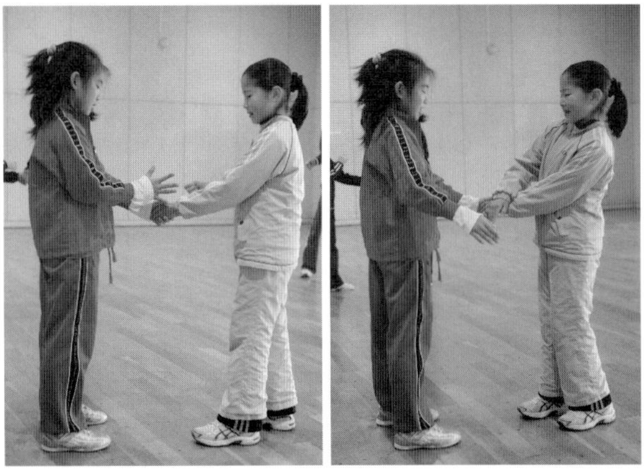

写真１●ジャンケン手叩き

写真２●脚ジャンケン

へ顔を向けます。ジャンケンに負けた者が指と同じ方向へ顔を向ければ、ジャンケンに勝った者の勝ちとなり、ジャンケンに負けた者が指と反対の方向へ顔を向けられれば、ジャンケンに負けた者の勝ちとなります。

Ⓓ脚ジャンケン［写真2］

ジャンケンゲームⒶからⒸを脚ジャンケンで行います。脚ジャンケンは、「ジャンケン」と声をかけながら両脚で軽くジャンプをして、「ポン」で脚を使ってグー、チョキ、パーを出します。「脚を閉じた状態がグー」、「脚を前後に開いた状態がチョキ」、「脚を左右に開いた状態がパー」とします。

脚による軽いジャンプを行うことで、全身運動となりますので、運動強度と運動量を増すことができます。

さらに、高くジャンプをして、空中で脚ジャンケンを行うやり方もあります。

❷真似っこジョギング（汽車ぽっぽ）［写真3］

ねらい

小学生に「ウォーミングアップで5分間ジョギングをしなさい。」と指示しても、集中して行うことは難しいでしょう。そこで先頭が交替することで「先頭になったら何をしようか。」という緊張感を持たせながら、色々な動きを行い、さらに連続して動き続けることで、体を温めたり、神経系の反応を促進したりすることがねらいです。また、仲間と協力し合うことで、気持ちが打ち解け、さらに楽しく行うことができます。

行い方

5～6人程度で1組を作ります。班で縦1列に並び、ジョギングまたはウォーキングを行い、先頭の者が色々な動きを行います。その際に列の2番目以降の者は先頭の者の動きを真似します。始める前に、先頭になった者は「色々な動きを工夫して行うこと」、「危険な場所へ行ったり、危険な行為をしたりしないこと」を指示しておきます。

先頭を1分間で交替させて（人数によってはもっと短くてもよい）、先頭を終えた者は列の最後尾につくようにさせます。全員が先頭になったら終了とします。色々な運動を楽しく、5分間から6分間持続して行うことができます。

グラウンドに設置してある施設や輪、ミニハードル、ラダーなどを自由に利用させることも良い方法です。

留意点

小学1年生から6年生までいるような場合には、低学年だけの班では途中で飽きてしまい、5～6分間動き続けられないことがありますので、高学年の子ども達と低学年の子ども達をバランスよく組み合わせて行わせることが大切です。

写真3●真似っこジョギング

❸鬼ごっこ

ねらい

鬼ごっこには非常に多くの種類があり、地域で伝承されているものや人気のあるものがたくさんあります。また、鬼ごっこには、「歩く・走る・跳ぶ」など運動量が豊富で、楽しく、熱中できるという特徴があります。そのため、楽しく、真剣に、力一杯動き回った（ダッシュの繰り返し）結果、十分な運動強度と運動量が確保されて、さらに子ども同士が仲良くなることが期待できます。このようなねらいが達成されるのであれば、どのような鬼ごっこでも良いのではないかと考えますが、ここではいくつかの例を紹介します。

行い方

Ⓐ歩き鬼［図1］

30人程度であれば、10m四方程度の範囲で行います。まず、２人１組になり、追いかける鬼と逃げる者を決めます。決められた範囲の中で、鬼も逃げる者も必ず歩いて鬼ごっこを行うようにします。鬼に捕まったら、鬼を交替します。交替の時、鬼は必ず「1、2、……10」と数えてから追いかけるようにします。急歩からストップしたり、方向転換したりするので息が上がってきます。５分程度行えば、十分に体が温まってきますので、様子を見て動きが緩慢になってきたら、終了します。

留意点

範囲が狭いので、他の者とぶつからないように視野を広くして、行うように注意しておきます。また、安全のため絶対に走らないように注意しておきます。

Ⓑ手つなぎ鬼［図2］

ある程度広い範囲を地域として決めておきます。まず鬼を１人決めます（人数が多い時には、複数の鬼を決めておいてもよい）。

鬼にタッチされた者は鬼になり、鬼同士が手をつないで他の者を追いかけます。鬼は最低２人で手をつないでいれば良いものとし、鬼が４人になったら、２人ずつに別れることもできます。最後の１人を鬼が捕まえるまで行います。

Ⓒいけ・こい鬼（放射鬼）［図3］ ➡JAAF HP

５～６人１組になり、図３の左図のように５～６班が放射状に各々縦１列に並んで座ります。鬼は列の外側を回り、どこかの班の外側の者にタッチし、「こい」と合図して逃げます。タッチされた班の全員が鬼を追いかけて１周回り、鬼を含めて、元の

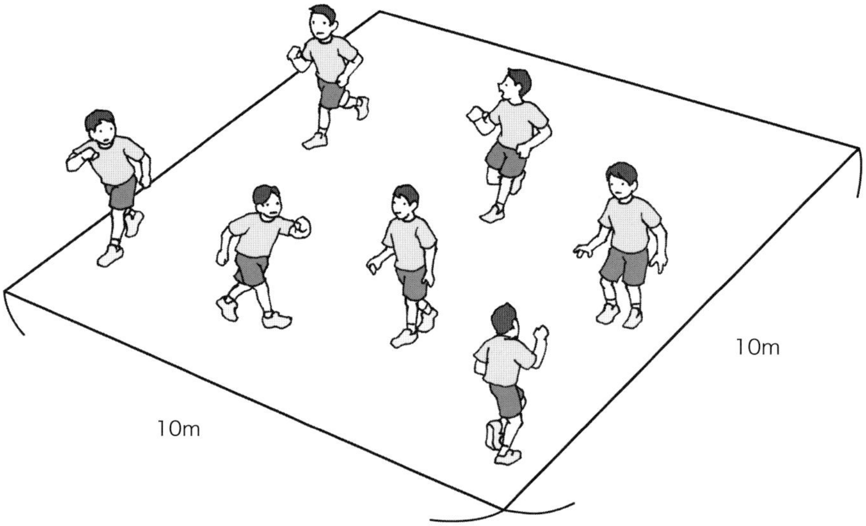

図１●歩き鬼

図２●手つなぎ鬼

位置に早く着いた者から順に１列に座ります。最後に座った者が次の鬼になります。

慣れてきたら、「こい」の他に「いけ」の合図を加えます。「いけ」の場合は鬼と反対回りで回り、元の位置に早く着いた者から順に１列に座ります。終わりがないので、時間を決めて行うようにします。

人数が少ない場合には、図３の右図のように左右の者と手をつないで円を作って座ります。

鬼が円の外側を回り、誰かにタッチしてから１周回って、タッチした者の座っていた位置に座ります。タッチされた者は鬼を追いかけ、鬼が座る前にタッチできれば、鬼の負けで再度鬼となります。鬼に座られてしまった場合は鬼を交替します。

鬼にタッチされた者は、鬼を追いかけている途中であっても、他の座っている者にタッチしてもよいことにします。

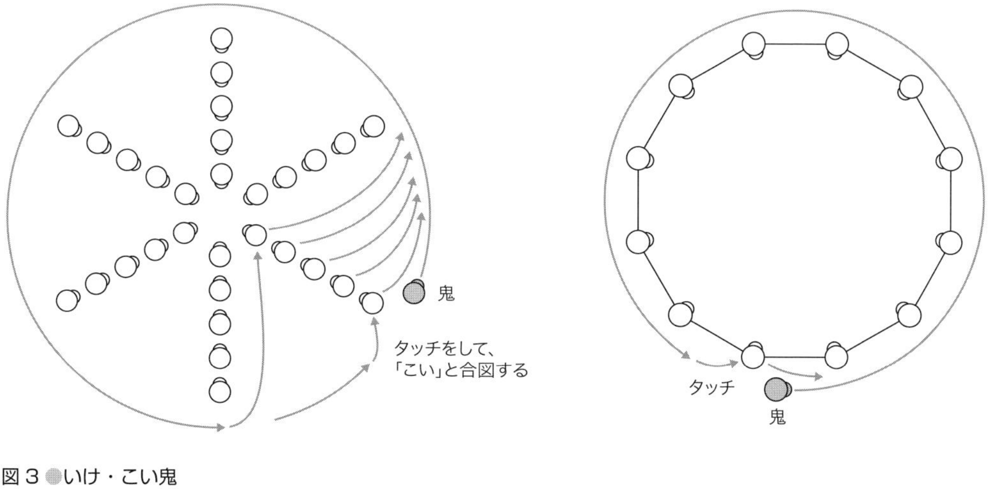

図３●いけ・こい鬼

図４●ところてん鬼

Ⓓところてん鬼［図４］

鬼は１人でいる者のみを捕まえることができます。捕まった者は交替して、鬼になります。鬼になった者は大きな声で自分が鬼になったことを皆に伝えるようにします。

この時、鬼は手をつないでいる者を捕まえることができません（安全地帯）。そのため、鬼に追われたら、誰かと手をつなぐことで逃れることができますが、反対側の端の者は手を離し、逃げなければなりません。

手をつなぐ、手を離すといった駆け引きが面白い鬼ごっこです。終わりがないので、時間を決めて行うようにします。

Ⓔ－１　しっぽ取り［写真４］

腰にタオルやタグのようなものを付けて行います。鬼にしっぽを取られたら、鬼になります。ふやし鬼のやり方で、全員がしっぽを取られるまで行います。

Ⓔ－２　チーム対抗しっぽ取り［図５］

全体を２組に分けてしっぽを取り合い、相手チーム全員のしっぽを取ったチームが勝ちとなります。または、時間内に多くのしっぽを取ったチームが勝ちとなります。

コートの両端に自分達の陣地を決めて、陣地内は安全地帯とします。また、しっぽを取られた者の待機場所ともします。

人数が多い場合は、しっぽを取られた者がゲーム

写真４●しっぽ取り

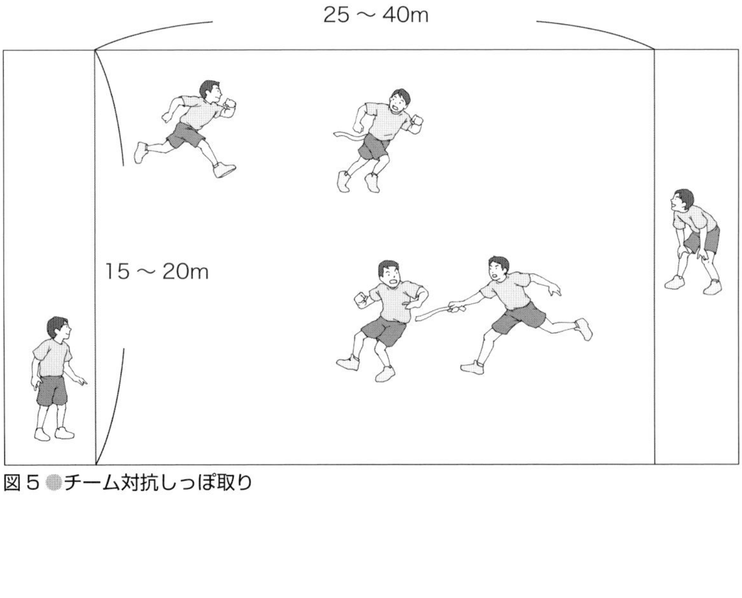

図５●チーム対抗しっぽ取り

に参加できない時間が長くなり、運動量の少ない子どもが出るため、相手から取ったしっぽを付けて、再度参加できるような復活ルールを採用することも可能です。

❹長縄遊び

Ⓐ長縄跳び［写真５］

ねらい

ウォーミングアップとして体を温めるだけならば、短縄を使い、１人で行うこともできますが、多人数で協力して行うことで、仲間との一体感や達成感を得ることができます。これが長縄を使うねらいです。

行い方

多人数で一緒に跳ぶ、先頭の人の真似をして跳ぶ、縄を２本使って跳ぶ（ダブルダッチ）など、色々と工夫して行ってみましょう。

Ⓑ縄を使った綱引き［写真６］

ねらい

縄を引き合うこと、倒れないようにバランスをとることで、筋力を向上させることやバランス維持能力を向上させること、さらにスタートの合図に素早く反応させることがねらいとなります。

写真６●綱引き

行い方

縄は細いので、１対１で行います。各々が縄の端を持ち、縄で輪を作って、輪が２個できたらスタートとします。スタートは第三者の合図で行ってもよいでしょう。

縄を引いたり、急に緩めたりして、相手の足が動くか相手が倒れるように縄を引き合います。足が動いたり、尻もちをつくなどして倒れたりした者が負けとなります。

写真５●長縄跳び

写真７●押し相撲

写真８●引き相撲

❺相　撲

ねらい

押したり、引いたり、体をぶつけ合ったりすることで、全身の筋力向上と倒れないためのバランス能力を養うことがねらいです。

行い方

Ⓐ押し相撲［写真７］

２人でしっかりと四つに組み、お互いに前に押し合います。中央で組んで、2m 程度後ろまで押し切った者が勝ちとなります。

Ⓑ引き相撲［写真８］

中央の線にお互いの右足（または左足）を置き、右手（または左手）を握り合います。前後左右にお互いの手を押したり、引いたりして相手の足を動かすか、相手を倒すまで行います。足が動いたり、倒れたりした者が負けとなります。

写真９●ケンケン相撲

Ⓒケンケン相撲［写真９］

腕を胸の前で組み、片方の脚だけでケンケンをして、お互いに肩で押し合います。土俵から押し出されるか上げている脚を床に着いたり、倒れたりした者が負けとなります。

１対１でも複数人数でも、さらにはチーム対抗でもできます。土俵の大きさは人数によって、適当な広さに決めます。

❻２人組でのジャンプ

ねらい

基本的なジャンプである、両脚抱え込みジャンプ、左右開閉ジャンプ、馬跳びなどを２人で協力しながら行います。他の動作と組み合わせて、タイミングよく、できるだけ速く行うことにより、楽しみながらジャンプ力や素早い身のこなしを身に付けることがねらいです。

行い方

Ⓐ両脚ジャンプ［写真 10］

１人が長座で座り、両手を肩の高さで横に上げます。もう１人が座った相手の右腕、脚、左腕と順にリズミカルに両膝を抱えるようにしてジャンプをしていきます。

15 ～ 30 秒の間、できる限り速く行い、ジャンプした回数を数えます。

留意点

子どもの能力により、腕の高さを調整します。

写真 10 ●両脚ジャンプ

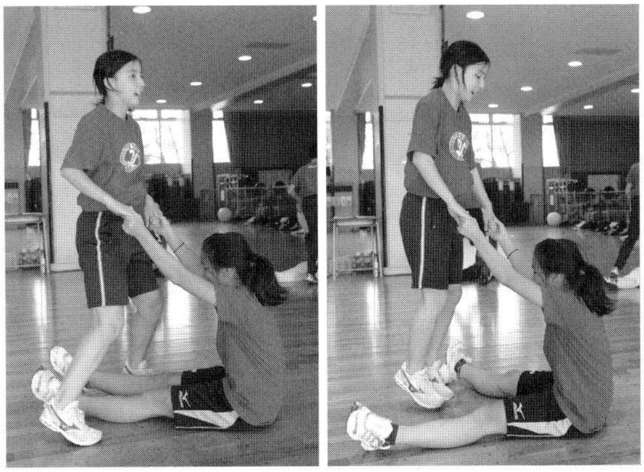

写真 11 ●開閉ジャンプ

写真 12 ●跳び越しくぐりⅠ

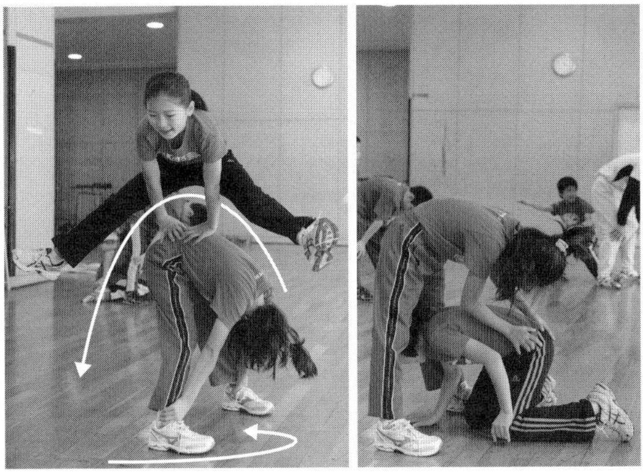

写真 13 ●跳び越しくぐりⅡ

Ⓑ開閉ジャンプ［写真 11］

1 人が長座で座り、もう 1 人が長座している脚をまたいで立ちます。この時に 2 人が手をつなぐと良いでしょう。

立っている者のジャンプに合わせて、座っている者は脚を左右に開きます。ジャンプした者は左右に開いた脚の間に両脚を揃えて着地し、再び素早くジャンプします。座っている者は再び脚を揃え、ジャンプしていた者は両脚を左右に開いて、座っている者の脚をまたいで着地します。以上を繰り返します。

15 〜 30 秒の間、できる限り速く行い、ジャンプした回数を数えます。

Ⓒ跳び越しくぐりⅠ［写真 12］

1 人がうつ伏せに寝ます。もう 1 人は両脚抱え込みジャンプで寝ている相手の上を跳び越します。寝ていた者は、ジャンプした者が跳び越えたら、うつ伏せから腕立て伏せの要領で体を持ち上げ、さらに腰をできるだけ高く上げます。ジャンプした者は上げた腰の下を素早くくぐり抜けて、元の位置へ戻ります。

以上の動作を 15 〜 30 秒間できる限り速く行い、ジャンプして、腰の下をくぐった回数を数えます。

Ⓓ跳び越しくぐりⅡ［写真 13］

1 人が体をかがめて馬になります。もう 1 人が馬の背に手を置いて横から跳び越し、馬の股をくぐって元の位置へ戻ります。

以上を 15 〜 30 秒間できる限り速く行い、股の下をくぐった回数を数えます。

❼バランスボール・エクササイズ

ねらい

　バランスボールで遊びながら、体幹の筋力強化を促し、さらにバランス感覚を養うことがねらいとなります。

行い方

　ここではいくつかの例を示しますが、詳しくはバランスボール・エクササイズの書籍やDVDで紹介されていますので、参考にしてください。

Ⓐボール転がし［写真14］

　バランスボールに座り、ボールを前後左右に転がします。

Ⓑバウンド［写真15］

　バランスボールに座り、ボール上で体をバウンドさせます。

Ⓒバランス［写真16］

　バランスボールにまたがって座り、足を床から離します。

Ⓓうつ伏せ転がし［写真17］

　バランスボールにうつ伏せに乗り、床に置いた手で体を支えて、ボールを前後左右に転がします。

写真14●ボール転がし

写真15●バウンド

写真16●バランス

写真17●うつ伏せ転がし

Ⓔうつ伏せバランス［写真 18］

バランスボールにうつ伏せに乗り、両手両脚を伸ばしてバランスをとります。

Ⓕ仰向けバランス［写真 19］

仰向けに寝て、バランスボールに脚を乗せて腰を持ち上げます。

Ⓖ仰向け伸ばし［写真 20］

バランスボールに背中を乗せて仰向けに寝ます。脚で支えて、膝の曲げ伸ばしでボールを前後に転がします。

Ⓗスーパーマン［写真 21］

ボール 1 個分程度間隔を空けて、バランスボールを数個 1 列に並べます。助走をつけてバランスボール上をうつ伏せの姿勢で、両手両脚を伸ばし、バランスボールが転がるのに合わせて乗り込んでいきます。

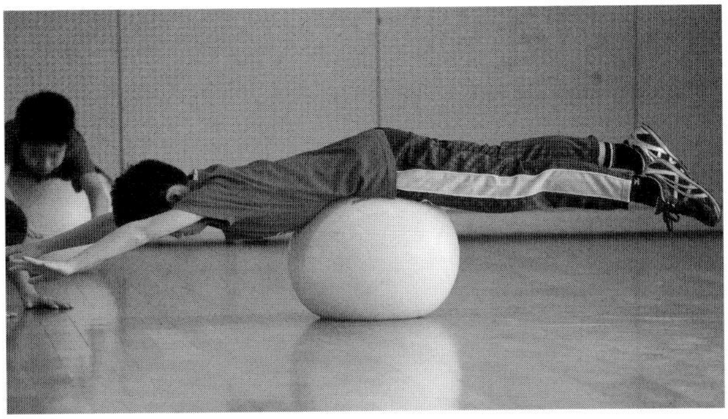

写真 18 ●うつ伏せバランス

写真 19 ●仰向けバランス

写真 20 ●仰向け伸ばし

写真 21 ●スーパーマン

❽ストレッチングと姿勢作り

ねらい

良い姿勢を体感させること、走・跳・投で使う関節可動域を広げること、筋肉を伸展させることをねらいとして行います。とくに、ウォーミングアップではダイナミックなストレッチングを行い、クーリングダウンではスタティックなストレッチングによって、使った筋肉を十分に伸展させることが大切です。

行い方

Ⓐ良い立位姿勢の体感［写真 22］

壁にかかと・腰・肩・後頭部をしっかりと押し当てるようにして直立して立ちます。その際に、お尻・下腹部・肩甲骨の間（背中）のあたりを緊張させるようにして、頭が上に引っ張り上げられるような感覚で立つようにします。

快い緊張感を感じるために、20 〜 30 秒程度ゆっくりと呼吸をしながら静止します。良い姿勢が作れたら 1 歩前に踏み出します。

Ⓑ長座からの前屈［写真 23］

良い姿勢を体感し、太ももの後ろや腰、背中を伸ばします。

まず、長座で座り、手を組んで腕を真上に上げて背伸びをします。この時に、上体が前かがみになったり、後ろへ反ったりしないように意識して行います。骨盤が前傾した状態を作れるようにします。

上体が真っ直ぐに伸ばせたら、息を吐きながら、まずは下腹部を太ももにつけるようにして上体を前に倒します。上体を前に倒す際には、背中の力を緩めるために、腕を脚の上に置いて上体を支えながら、徐々に手を前に移動させて前屈をします。

快い緊張感を感じるために、20 〜 30 秒程度ゆっくりと呼吸をしながら静止します。

写真 22 ●良い立位姿勢の体感

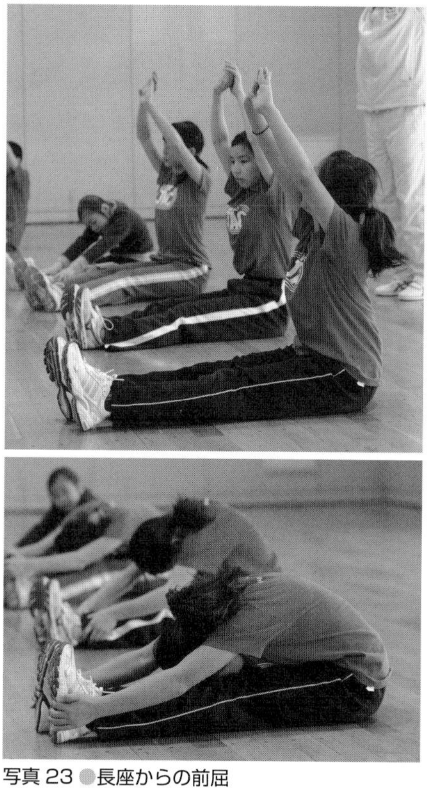

写真 23 ●長座からの前屈

写真 24 ●開脚からの前屈

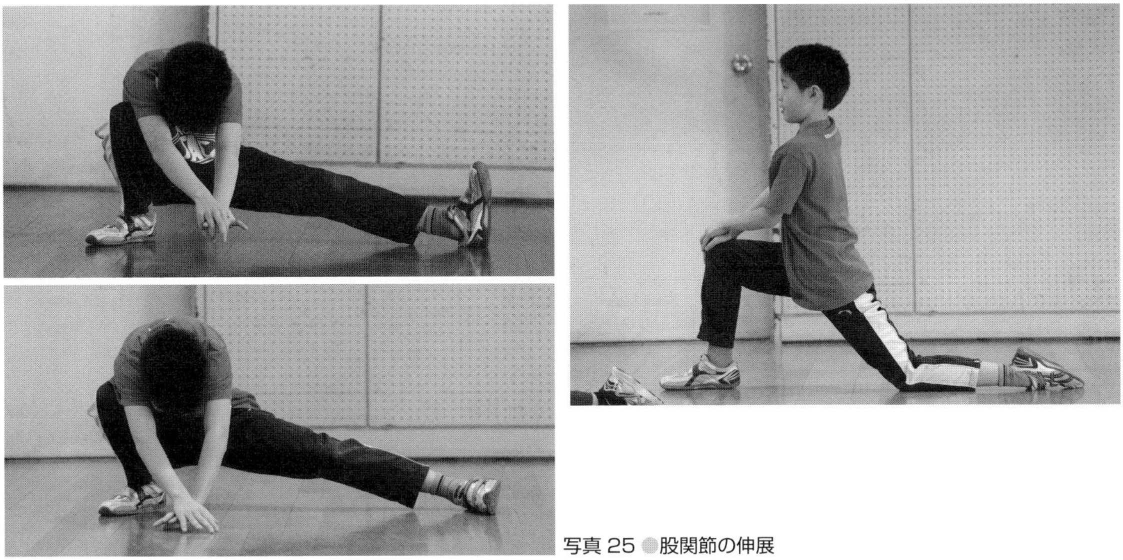

写真 25 ●股関節の伸展

Ⓒ開脚からの前屈［写真 24］

良い姿勢を体感し、太ももの内側を伸ばします。

まず、脚を左右にできるだけ開いて座ります。Ⓑと同様に背伸びをしてから、息を吐き、下腹部を床に着けるようにして上体を前に倒します。上体を前に倒す際には、背中の力を緩めるために、腕を床に置いて上体を支えながら、徐々に手を前に移動させて前屈をします。

快い緊張感を感じるために、20 〜 30 秒程度ゆっくりと呼吸をしながら静止します。

Ⓓ股関節の伸展［写真 25］

写真のように片方のつま先を上にして、太ももの内側を伸ばします。曲げている脚はかかとを床に着けたまま、膝がわきの下に当たるようにします。

次に、つま先を前に倒して、同様に伸ばします。

さらに、曲げている膝の方に上体を向けて、上体をしっかりと起こし、前後開脚の姿勢になり、股関節を伸展させます。

それぞれの姿勢で快い緊張感を感じるために、20 〜 30 秒程度ゆっくりと呼吸をしながら静止します。どちらの脚でも行います。

Ⓔ太ももとすねの前面の伸展［写真 26］

正座で座ります。かかとをお尻の外側に出し、お尻を床に着けて座ります（体の硬い人は片脚ずつ行った方がいいでしょう）。

手を後ろに着いて徐々に上体を後ろに倒します。膝が浮かない範囲で無理なく太ももの前面を伸ばします。さらに、膝を片方ずつ上げて、足の甲からすねの部分を伸ばします。

それぞれの姿勢で快い緊張感を感じるために、20 〜 30 秒程度ゆっくりと呼吸をしながら静止します。

写真 26 ●太ももとすねの前面の伸展

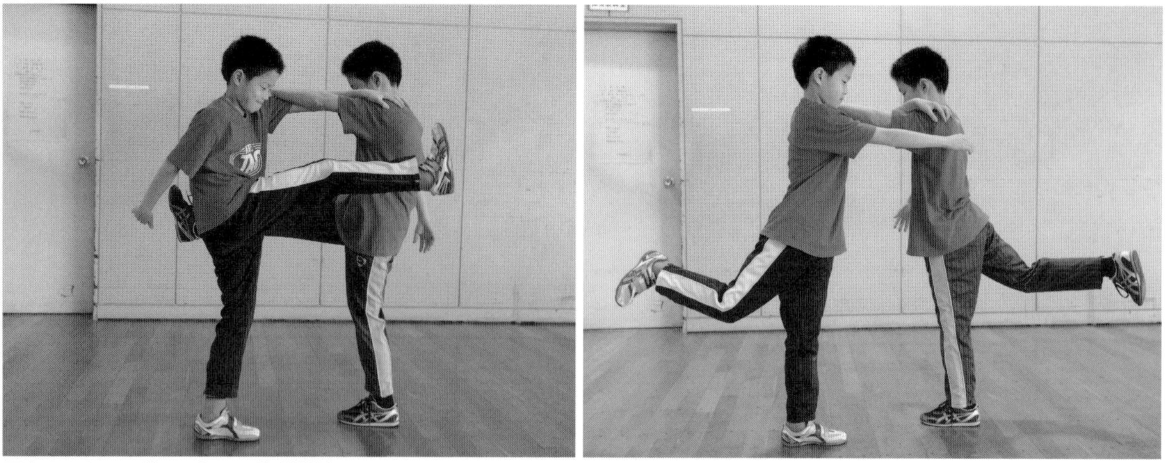

写真 27 ●レッグ・スウィング（前後）

写真 28 ●レッグ・スウィング（左右）

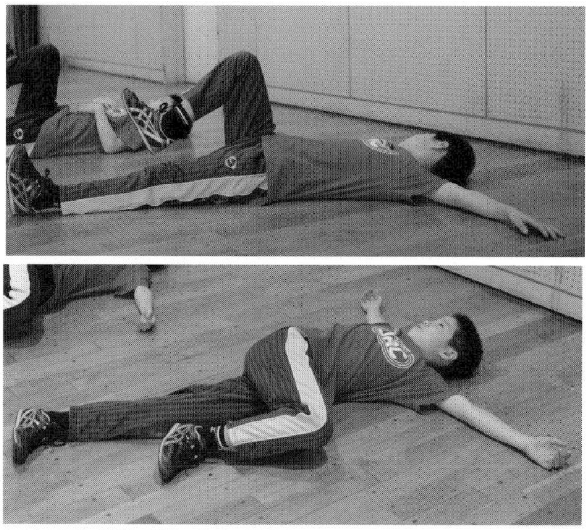

写真 29 ●股関節・腰の伸展

写真 30 ●全身の伸展

写真31 ●ハードルのまたぎ越しドリル

Ⓕレッグ・スウィング［写真27・28］

写真のように2人組になって、脚を前後に大きく10回程度振ります。さらに、左右にも大きく10回程度振ります。

Ⓖ股関節・腰の伸展［写真29］

仰向けに寝て、両腕を肩の高さに開きます。脚を垂直に上げてから、膝を曲げて息を吐きながら横に倒します。

快い緊張感を感じるために、20〜30秒程度ゆっくりと呼吸をしながら静止し、ゆっくりと元の位置へ戻します。どちらの脚でも行います。

Ⓗ全身の伸展［写真30］

2人組になります。お互いに背中合わせになり、腕を上に伸ばします。どちらか一方が、もう一方の手首を持ち、上に引き上げるように背負います。自分の腰の上に相手のお尻が乗るようにすると良いでしょう。前後左右に何度か振るようにしてブラブラとさせます。乗っている者は力を抜いて乗り、全身の関節を伸展させるようにします。

Ⓘハードルのまたぎ越しドリル［写真31］

リズミカルにステップをしながら、股関節を動かします。前向きと横向きとで行います。

Ⅱ—導入・移行の運動

1 走運動への導入・移行の運動

❶ラダー、ミニハードルでのステップドリル

ねらい

走運動（スプリント）の接地・キックの仕方を体感することがねらいです。良いスプリンターは短い着地時間で、大きなエネルギーを発揮します。そのためには、なるべく膝を伸ばして、足の親指の付け根あたりで接地し、接地した足の上にしっかりと体を乗せます。さらに、フリーレッグ（キック後に空中にある脚）を素早く前に引き出すことが重要です。

行い方

Ⓐラダーで両脚閉脚跳び［図6］

ジャンプして上から落ちてきた勢いで接地して、軽く、リズミカルにジャンプを繰り返します。着地した時に止まってしまわないように素早くジャンプするようにします。

Ⓑラダーでスネイクジャンプ［図7］ ➡JAAF HP

Ⓐの要領で、90度向きを変えながらジャンプします。

写真32 ●ラダー

写真33 ●ミニハードル

Ⓒラダーでスラロームジャンプ［図8］ ➡JAAF HP

Ⓐの要領で、左右にジャンプをします。

Ⓓラダーで両脚・前後開脚跳び［図9］ ➡JAAF HP

Ⓐの要領で、両脚を前後に開いてジャンプします。ジャンプしたら、空中で脚を前後に入れ替えて、両脚で着地します。

Ⓔラダーでツーステップ・ドリル［図10］ ➡JAAF HP

ラダー１マスに２歩ずつステップしながら前へ進みます。Ⓐのジャンプと同じように、接地の勢いを生かしてジャンプする感覚でステップします。左右交互に接地するので、左右の脚を空中で素早く入れ替えるように行います。

Ⓕラダーでクイックシャッフル［図11］ ➡JAAF HP

Ⓔの要領で１マスに２歩ステップしたら（左足・右足）、ラダーの外側（左側）に１歩ステップ（左足）してから、前のマスへ進みます。

さらに２歩ステップして（右足・左足）外側（右側）へ１歩ステップ（右足）してから、前のマスへ進むことを繰り返します。とくに外側へ踏み出した際にしっかりとステップして切り返します。

Ⓖラダーでワンステップ・ドリル［図12］ ➡JAAF HP

ラダー１マスに１歩ずつ、ステップしながら前へ進みます。Ⓐのジャンプと同じように、接地の勢いを生かしてジャンプする感覚でステップします。左右の脚を空中で素早く入れ替えるように行います。

Ⓗミニハードルでワンステップ・ドリル［図13］

ミニハードルを３～４足長（1m程度）の間隔で６～10台並べ、Ⓖのドリルの要領でステップします。ハードルの高さ分強くステップして、膝を前に上げるようにします。

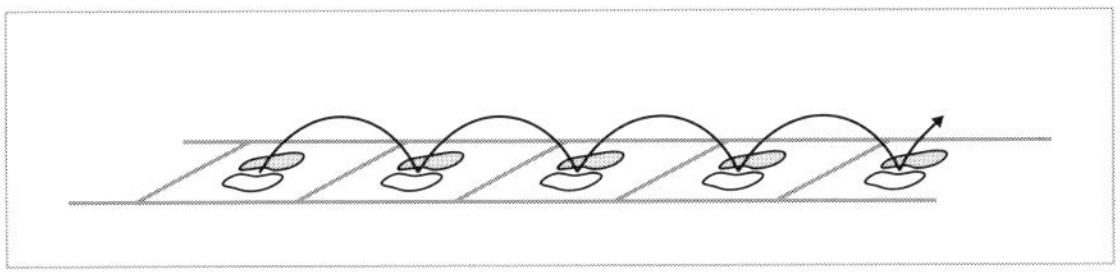
図６●両脚閉脚跳び

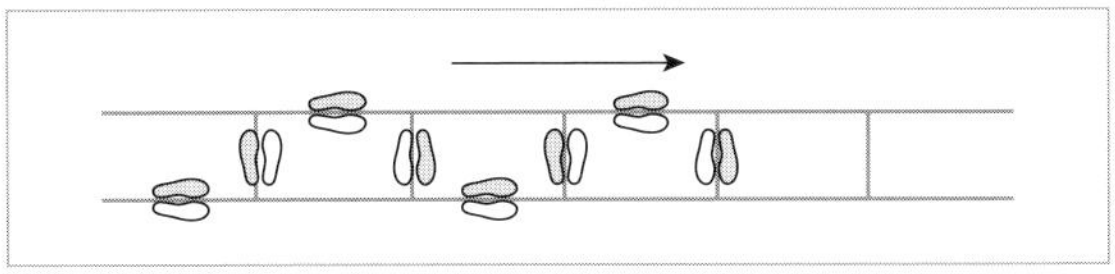
図７●スネイクジャンプ

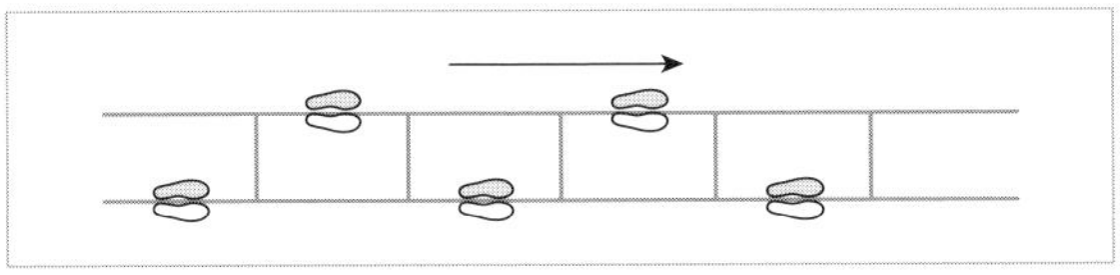
図８●スラロームジャンプ

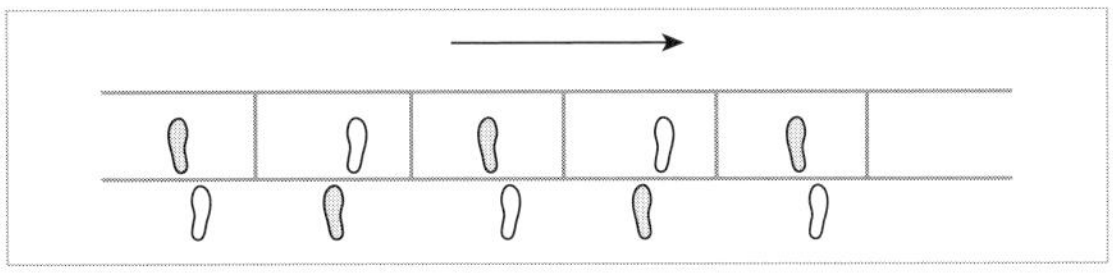
図９●両脚・前後開脚跳び

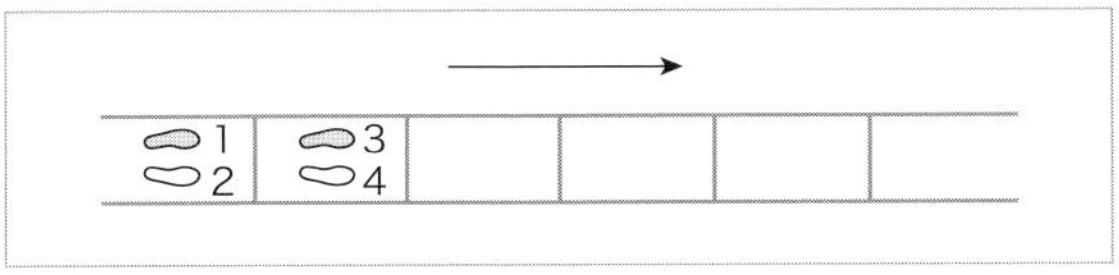

図 10●ツーステップ・ドリル

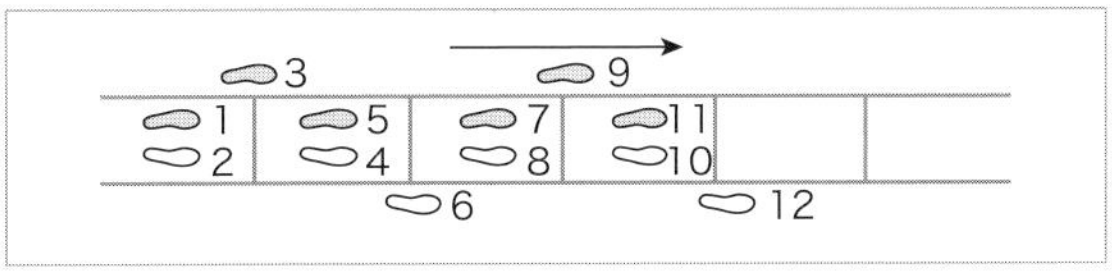

図 11●クイックシャッフル

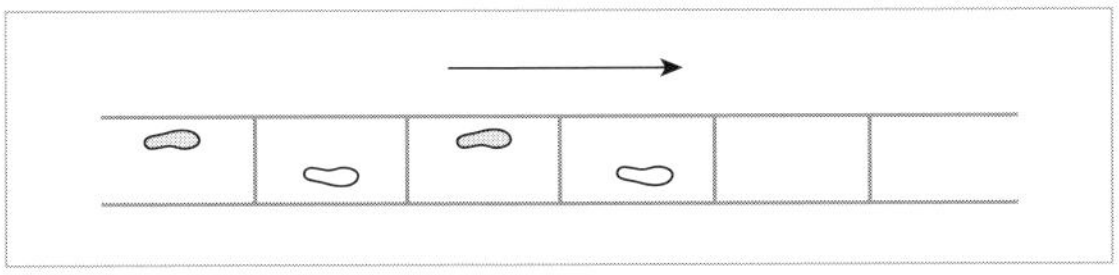
図 12●ワンステップ・ドリル（ラダー）

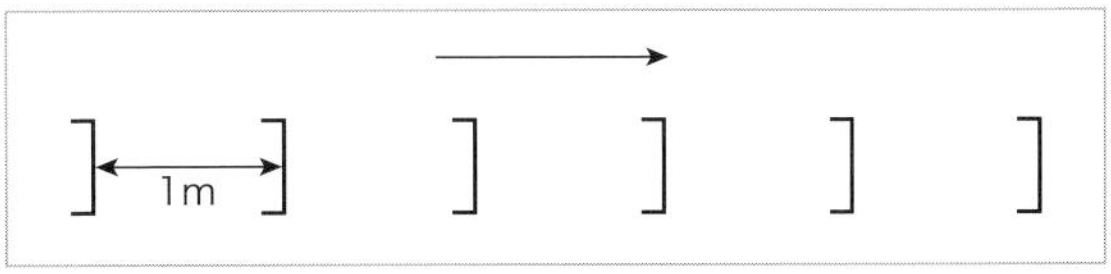

図 13●ワンステップ･ドリル（ミニハードル）

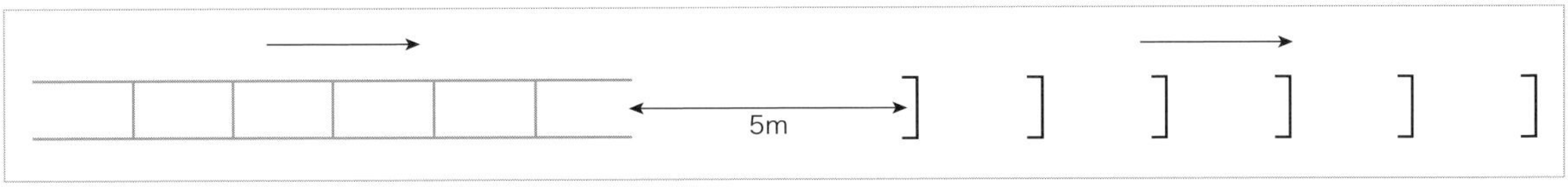

図 14●ラダーとミニハードルのワンステップ・ドリルの連続

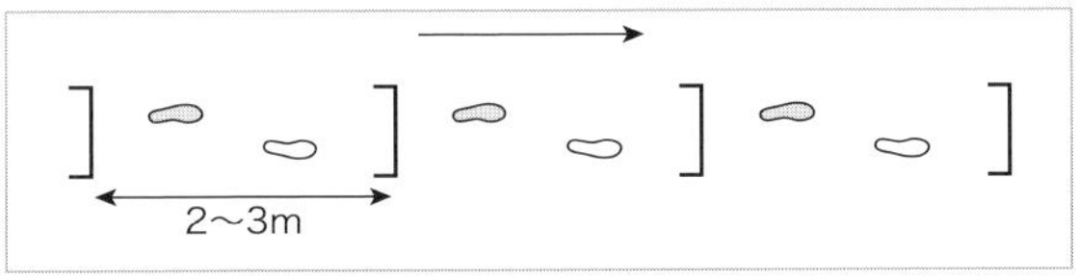

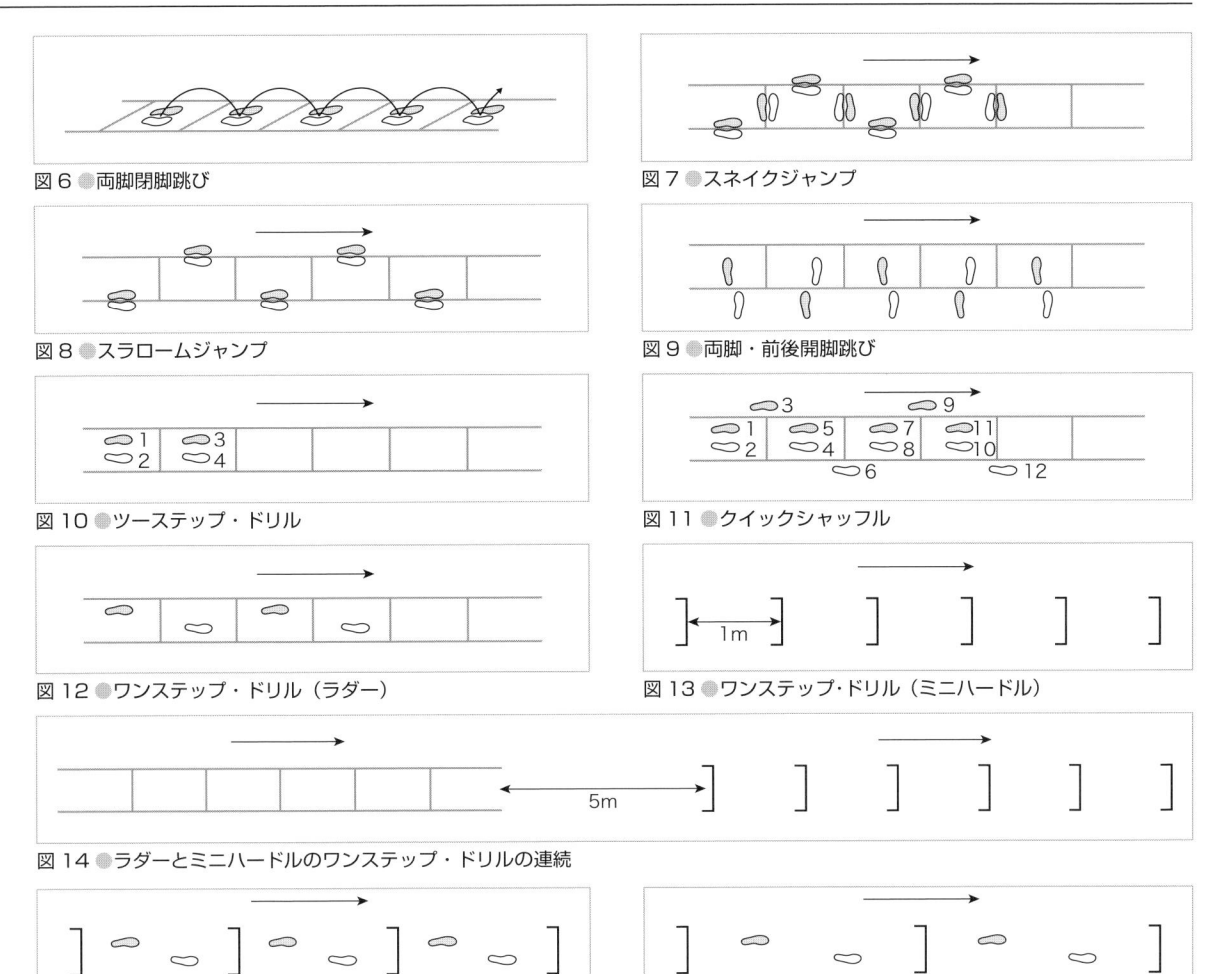

図 15●脚の切り替えとグラウンドを押すドリルⅠ

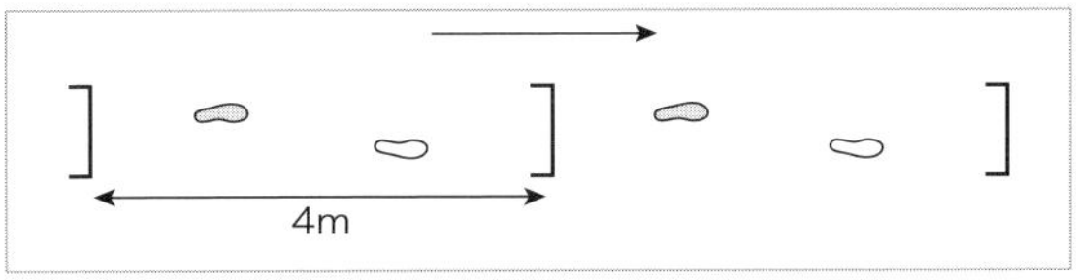

図 16●脚の切り替えとグラウンドを押すドリルⅡ

ⒾⒼドリルとⒽドリルの連続［図 14］ ➡JAAF HP

Ⓖのドリルと Ⓗのドリルを連続して行います。ラダーからミニハードルへ移行する間には 5m 程度の間隔をとります。ミニハードルの先に 5m 程度の間隔を取り、さらにマーカーを目標ストライドの間隔で６個ほど並べて行うのも良いでしょう。ラダー、ミニハードルのリズム・要領のまま、よりステップを強く踏み、マーカーをまたぎ越して走ります。

Ⓙ脚の切り替えとグラウンドを押すドリルⅠ［図 15］ ➡JAAF HP

ミニハードルを２～3m の間隔で並べ、間を２歩（タ・ターン）のリズムでハードルを越して走ります。ハードルを越える時に後ろ脚の引き付けを素早く行い、接地脚にしっかりと体を乗り込ませます。

Ⓚ脚の切り替えとグラウンドを押すドリルⅡ［図 16］ ➡JAAF HP

ミニハードルを 4m 程度の間隔で並べ、間を２歩（タ・ターン）のリズムでハードルを越して走ります。ハードルを越える時には前にジャンプして、股関節を十分に開きます。接地の際には、重心の真下に接地できるように素早く後ろ脚を前に運びます。

❷対角ダッシュ ［図 17］

ねらい

まわりの状況からタイミングを判断して、ダッシュできるようになることがねらいです。色々な状況を自分で判断して、ここぞという時に一気にダッシュできるようにします。

行い方

図のように４ヶ所（A・B・C・D）に分かれて各班１列に並びます。合図で各コーナーから対角のコーナーへ向かってダッシュし、対角側の列の後ろに並びます。一斉にダッシュするので、中央でぶつからないようにタイミングを外したり、スピードを変化させたりして行います。

２番目以降の者は、前の走者が中央を抜けたらスタートします。ゆっくりとした走りにならないように、タイミングを見計らい瞬間的にダッシュします。

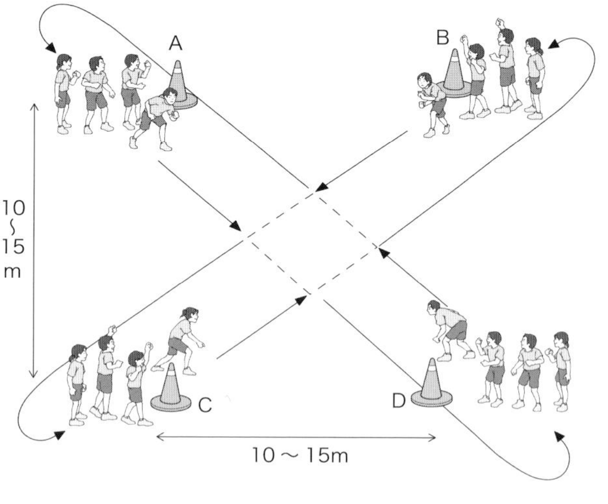

図 17 ●対角ダッシュ

❸ネコとネズミ ［写真 34・35］

ねらい

見て、判断することから、次は「ネコ」「ネズミ」という声（音）に反応して素早くダッシュできるようになることがねらいです。

行い方

２人組の一方が「ネコ」、もう一方が「ネズミ」となり、中央線をはさんで並びます。中央線から15～20m 程度(スタート時の反応が影響する距離)のところにフィニッシュラインを設定します。

指導者が大きな声で、「ネー、ネー、ネコ」または「ネー、ネー、ネズミ」と声をかけます。

「ネコ」と言われたら、「ネコ」が「ネズミ」を追いかけます。「ネズミ」は捕まらないように逃げます。「ネズミ」がフィニッシュラインまで捕まらずに逃げ切れば「ネズミ」の勝ちとなり、「ネズミ」がフィニッシュラインに逃げ込む前に「ネコ」が捕まえれば「ネコ」の勝ちとなります。

「ネズミ」と言われれば、反対に「ネズミ」が「ネコ」を追いかけることになります。呼ばれた方が逃げるというルールで行うのも良いでしょう。

子ども同士のスタート姿勢は写真にあるように、色々な姿勢で行ったり、指導者のコールも早くした

写真 34 ●ネコとネズミ

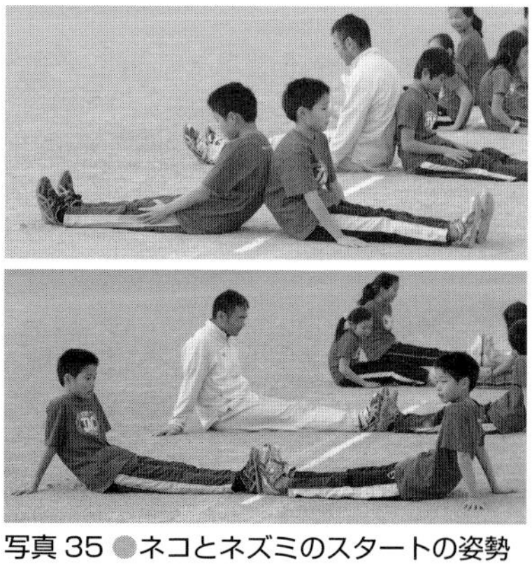

写真 35 ●ネコとネズミのスタートの姿勢

り、長くしたりして、色々と変化させてみましょう。

❹テニスボールやＺボール、棒を使ったダッシュ

ねらい

　刺激に対して、素早く反応して動き出せるようにすることがねらいです。反射的に動けるようにしましょう。

行い方

Ⓐ棒キャッチ［写真 36］

　1 人が 5m 程度離れたところで棒を立てて、支えています。もう 1 人はスタートの準備をして待ちます。棒を支えている人が棒から手を離すと棒は倒れますので、棒から手が離れたら、ダッシュして棒が倒れる前に棒をつかみます。

Ⓑボールキャッチ［写真 37］

　1 人が肩の高さで両腕を横に伸ばして、両手にテニスボールを持ちます。どちらかのテニスボールを離して、落下させます。もう 1 人は立っている相手から 2m 程度離れて向かい合い、いつでも動けるように準備します。テニスボールが落下し始めたら、素早くダッシュしてボールが床に落ちる前に捕球します。

Ⓒボールダッシュ I ［写真 38］

　1 人が相手に背中を向けてスタートできるような姿勢で準備します。後ろにいる人はテニスボールを相手の脚の間を通して転がします。前の人はボールが見えたら、素早くダッシュしてボールを拾います。

Ⓓボールダッシュ II ［写真 39］

　Ⓒと同じ姿勢で準備し、後ろにいる人はテニスボール（またはＺボール）を相手の頭越しに山なりに投げます。ボールがワンバウンドしたら、素早くダッシュして、ツーバウンドする前に捕球します。

Ⓔ Ｚボール［写真 40］

　2 人で 3m 程度離れて向かい合って立ちます。一方がＺボールを軽く投げてバウンドさせます。もう一方はＺボールの変化に応じて素早くダッシュして、ツーバウンドする前にボールを捕球します。

写真 36 ●棒キャッチ

写真 37 ●ボールキャッチ

写真 38 ●ボールダッシュⅠ

写真 39 ●ボールダッシュⅡ

写真 40 ● Ｚボール

❺集配リレー ［図 18］

[ねらい]

ボールをグラウンドに置いたり、拾い上げたりすることにより、低い姿勢からダッシュさせることがねらいです。リレー形式で競走させることで、より真剣にダッシュできるようにすることができます。

[行い方]

４～６人を１チームとして、スタートライン上に輪を１つ置き、その中にボールを３個置きます。さらに、10m 先、15m 先、20m 先にそれぞれ輪を置きます。

第１走者はボールを１個持ち、スタートの合図でダッシュして先にある３個の輪のどれかにボールを置き、素早く折り返してスタート地点に戻ります。次に２個目のボールを持ち、空いている２個の輪のどちらかにボールを置き、素早く折り返してスタート地点に戻ります。さらに、３個目のボールを持ち、空いている輪にボールを置き、素早く折り返してスタート地点に戻ります。

第２走者は、反対に３個の輪からボールを１個ずつ集めてきて、スタート地点の輪に戻します。第３走者以降は、ボールを置いてくることと集めてくることを繰り返し、アンカーがフィニッシュするまで行います。バトンパスの代わりに手でタッチを行います。

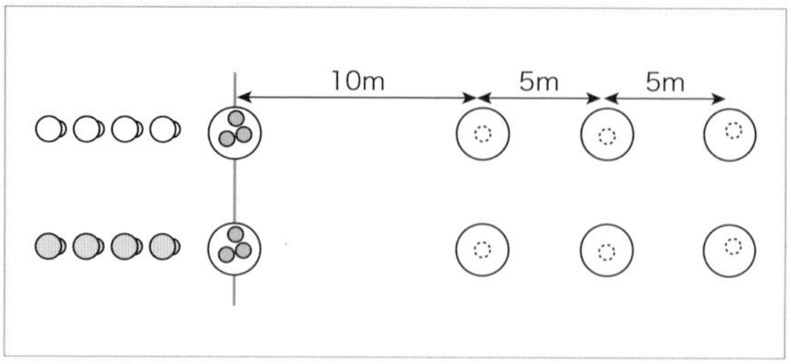

図 18 ●集配リレー

１人がボールを１個ずつ集配して、リレーを行うこともできます。

[留意点]

輪の距離と数は状況により工夫しましょう。また、ボールについても小さい物、大きい物、軽い物、重い物と工夫してみましょう。

❻ボール集めゲーム ［図 19］

[ねらい]

「集配リレー」をゲーム化したものです。ボールを拾って低い姿勢からダッシュすることがねらいの

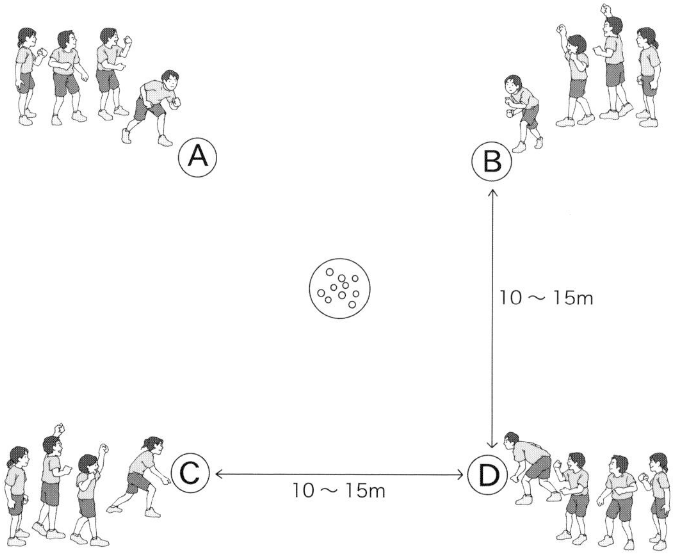

図 19 ●ボール集めゲーム

ひとつです。さらに、ゲーム化することで、チームで協力して状況判断し合うことが必要になります。チームとしてみんなで協力することで一層楽しさが増すことにもなります。

行い方

図のように４ヶ所（A・B・C・D）に分かれて、輪の後ろに各班１列に並びます。４ヶ所から均等な距離の中央に輪を置き、中央の輪の中にボールを６〜８個置いておきます。

合図で各コーナーから１人ずつ中央の輪に向かってダッシュして、ボールを１個ずつ取り、自コーナーの輪にボールを運びます。ボールを運んだ者は自列の後ろに並び、順番を待ちます。前走者が自コーナーの輪にボールを置いたら、次の走者はダッシュして中央の輪か他チームの輪の中にあるボールを取りにいき、自コーナーの輪にボールを運びます。

各チーム、順にボール運びを行い、自コーナーの輪に一番早くボールを３個集めたチームが勝者となり、ゲームは終了となります。

留意点

待っている者が、どこのコーナーにボールが何個あるのかを見て、走者に指示をするなど応援・協力し合うことが大切です。

各コーナーの輪に置いてあるボールを隠したり、取りに来た走者を妨害したりしないようにします。

7 ジャンケンリレー ［図 20］

ねらい

ダッシュすることをねらいとしたゲームですが、色々な年齢の子どもがいる場合に、ジャンケンという偶然性のある方法を使うことで、走力差があってもゲームに勝つことができるゲームです。

行い方

30m 程度離れた場所に輪を置き、A チームと B チームとに分かれて輪の後ろに１列に並びます。スタートの合図で相手めがけてダッシュします。お互いが出会い、タッチしたところで、ジャンケンをします。ジャンケンに勝った者はさらに相手陣地へ向かってダッシュします。ジャンケンに負けた者は大きな声で負けたことを次走者に告げて、スタートを促します。負けたチームの次走者は相手走者へ向かってダッシュして、相手走者とタッチしたところでジャンケンを行います。

ジャンケンに勝ち続け、相手走者にタッチされる前に、相手の輪に足を入れたチームの勝ちとなります。

図 20 ●ジャンケンリレー

図 21 ●折り返しリレー

8 折り返しリレー ［図 21］

ねらい

小学生が自分の意志で、全力を出し切ることは容易なことではありません。しかし、全力を出し切ることで神経系の働きを促進することができます。楽しく、チームとの一体感を感じながら、かつ真剣に取り組ませるための手段として、リレーは非常に有効なものと言えます。ただし、陸上競技場のトラックを使って行うようなリレーは距離も長く、色々な用具を設置して行う場合にはやりにくい面があります。そこで場所や人数、年齢に関係なく、用具を用いても、簡単にできるのが折り返しリレーです。

行い方

直線 30 ～ 50m の折り返しでリレーを行います。図にあるような例を参考にして、色々なリレーを行ってください。リレーのやり方についても、両端で手タッチをしたり、折り返して後方からバトンや輪を受け取ったり、背中タッチをするやり方もあります。テークオーバーゾーンを直線の中央に作れば、バトンパスの練習をかねたリレーもできます。

周回走で行うよりも簡単で、場所が狭くても行うことができます。また、すぐ目の前で競走していますので、盛り上がります。

2 跳躍運動への導入・移行の運動

1 ジャンケングリコ - Ⅰ

ねらい

このゲームのねらいは、ジャンケンを使ったゲームで競争することにより、初歩的な左右交互跳び(バウンディング）を経験することにあります。

行い方

片道 20 ～ 30m の範囲を設定して、片道か往復で行います。

２人組となり、ジャンケンを行います。「グー」で勝った者は「グ・リ・コ」と言いながら３歩、左右交互跳びで前進します。「チョキ」で勝った者は「チ・ヨ・コ・レ・イ・ト」といいながら６歩、左右交互跳びで前進します。「パー」で勝った者は「パ・イ・ン・ナ・ツ・プ・ル」といいながら７歩、左右交互跳びで前進します。

片道であれば、フィニッシュラインを先に越えた者が勝ちとなります。往復であればスタートラインまで先に戻った者が勝ちとなります。

個人戦だけではなく団体戦でも行うことができます。

〈例 1〉

3 人組でA・B・C対D・E・Fで行うとすると1回目をA対Dで行い、1回目に進んだ位置から、2回目をB対Eで行います。2回目に進んだ位置から、3回目をC対Fで行います。これを順に繰り返して、先に全員フィニッシュしたチームが勝ちとなります。

〈例 2〉

3 人組で、6 人全員が一斉にジャンケンをして、勝った者は前進します。チーム全員が先にフィニッシュしたチームが勝ちとなります。

❷ジャンケングリコ-Ⅱ

ねらい

このゲームのねらいは、ジャンケンを使ったゲームで競争することにより、初歩的な片脚跳び（ホッピング）を経験することにあります。

行い方

❶のジャンケングリコ-Ⅰの要領で、左右交互跳びの代わりに片脚跳びで行います。片脚で行うため、強度がかなり強くなるので、距離を半分程度に減らして行います。

❸ケンケン競争 ［写真 41］

ねらい

初歩的な片脚跳びを行うことで脚力を強化することがねらいとなります。チームとしてつながって行うことで、全員が同調したリズムでジャンプするため、自然と全力を出すようになり、脚力強化になります。

行い方

5〜6 人で 1 チームとなり、全員が左脚（右脚）でケンケンを行うために、右手（左手）で右足（左足）をつかみ､左手（右手）を前の者の左肩（右肩）に置いて、1 列につながります。

スタートの合図で、一斉にケンケンで前進します。1 回目を左脚で行ったら、2 回目は右脚で行います。距離は 15 〜 20m とします。

❹チーム対抗立ち幅跳び ［写真 42］

ねらい

両脚屈伸跳びの代表的な種目である立ち幅跳びを使って、パワーを高めることをねらいとして行います。1 人で行うよりもチームを作り、チームの能力を均等にすることで、全ての子どもに勝利の可能性があるため、個人で行うよりも真剣に行えます。また、チームに貢献することに喜びを感じることができるようになることもねらいのひとつです。

行い方

3〜4 人で 1 チームとなり、1 番目の者が立ち幅跳びで跳んで、着地したかかとの位置に 2 番目の者がつま先を合わせて立ち幅跳びを行います。全員で跳んだ距離を測定して競争します。

写真 41 ●ケンケン競争

写真 42 ●チーム対抗立ち幅跳び

写真 43 ●チーム対抗馬跳び

5チーム対抗馬跳び ［写真 43］

ねらい

低い馬では、初歩的なプライオメトリックジャンプを行うことでパワーを高め、高い馬では、手脚の協調性を養い、空中でのバランス感覚を向上させることがねらいとなります。

行い方

Ⓐ低い馬（両肘・両膝を着いて）

5～6 人で 1 チームとして、1 人を除きスタートラインから先へ 1m 間隔で馬となって、1 列に並びます。両脚閉脚抱え込み跳びの要領で馬を連続してリズミカルに跳び越えて行き、1 番前まで行ったら馬となります。馬であった者は、後方から順に立ち上がり、馬跳びをして前へ進み、再び馬となります。フィニッシュラインを全員が越えたら終了とします。距離は 15～20m とします。

Ⓑ高い馬（脚を伸ばして左右に開き、腕を伸ばして手を脚に置いた姿勢）

Ⓐと同様に行いますが、馬の背中に手を着いて、背中を突き放して、開脚跳びを行います。馬の間隔は 1.5m 程度、距離は 30m 程度とします。

6川渡り ［図 22］

ねらい

初歩的な左右交互跳び・片脚跳びの練習です。「川にはワニがいるので、川に落ちたら命はない」など、ストーリー性を持たせることで、自分がどうやって川を跳び越えるのかを考えさせましょう。例えば、助走の勢いで、歩数を少なく距離を跳ぶやり方で行ったり、安全に確実なジャンプで行ったりすることができます。

それぞれに合ったやり方で楽しみながら初歩的なバウンディングを習得することがねらいとなります。

行い方

ケンステップのような輪を一定の地域（10～20m）に多数、適当に並べ、スタート地点からフィニッシュ地点まで色々なコースを通って、左右交互跳びまたは片脚跳びで渡ります。

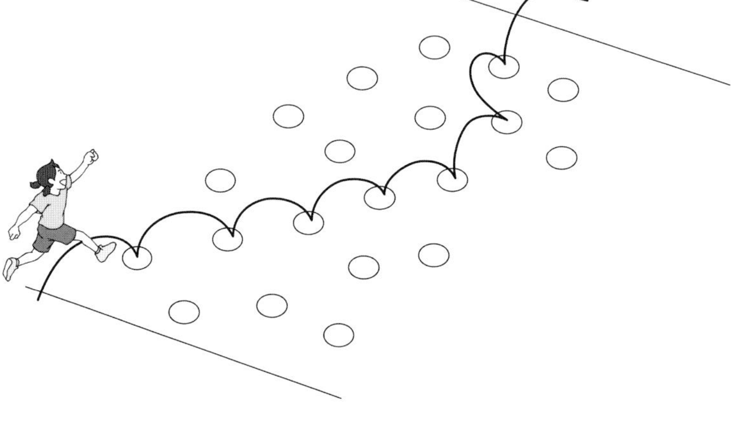

図 22 ●川渡り

写真 44 ●川幅跳び

写真 45 ●リズムジャンプ

❼川幅跳び［写真 44］

ねらい

短い助走から片脚踏み切りで前にジャンプする初歩的な走り幅跳びを経験することがねらいです。

行い方

ロープ、ゴムひも、ラインを引くなどして川を設定しておきます。川幅は子どもの能力に応じて設定します。めやすとしては２～4m 程度で設定します。グラウンドや芝生で行う場合には、数歩の助走をとって、片脚踏み切りで川を跳び越え、片脚で着地してそのまま走り抜けるようにします。

留意点

両足着地をした場合、足が滑って尻もちを着いたり、その際に手を着いて腕を骨折するようなことがありますので、子ども達には十分に注意し、徹底しておきます。着地地点を砂場とするのであれば、両足で着地させます。

❽輪・ミニハードル・ゴムひもでのリズムジャンプ［写真 45］ ➡JAAF HP

写真にあるように色々なセッティングの場を用意して、各種リズムジャンプを行わせます。

3 投運動への導入・移行の運動

物を正確に、かつ遠くに投げるという動きは人間だけが行える動作です。人間特有の動作ではあっても、学習しなければうまく行うことはできません。そこで、子どもの頃から投運動に親しませることが大切であり、的当てなどにより無理のない、正しい投動作を学習させることが第１のねらいです。その後、徐々に遠くへ投げる練習を行い、遠投力をつけることが第２のねらいとなります。

投げ方もオーバーハンドスロー（上手投げ)、サイドハンドスロー（横手投げ)、アンダーハンドスロー（下手投げ)、ターン（ひねり投げ)、突き出し投げ、オーバーヘッド投げ、フォワード投げ、バックワード投げ、真上投げ、ワンバウンド投げなどがあります。

使用する投てき物も、ソフトボール、テニスボール、ヴォーテックス・フットボール、ターボジャブ、棒、ドッジボール、バスケットボール、ハンドボール、メディシンボール、輪、円盤、ひも付きボール、袋入りボールなどがあります。大きさや、重さによって投げ方は変わってきます。

まずは、的当てのような練習で正確に投げる動作を学習しましょう。その後、徐々に遠方へ投げる練習を行います。また、少し重い物を投げることによりグラウンドをしっかり押す動作の習得やパワーの向上が期待できます。成長期にある小学生の練習では、利き手の投てき練習に加え、必ず反対の手でも投てき練習を行いましょう。これは、バランスのとれた体を作る上でも大切です。

さらに、投てき３種競技や５種競技として競技化しても楽しく練習できますし、投てき距離を合計するなどしてチーム対抗形式のゲームにすると盛り上がって、楽しく行うことができます。「走・跳」の練習だけではなく、投運動も積極的に練習に取り入れ、工夫して行ってみてください。

❶的当てゲーム - Ⅰ ［図 23］

ねらい

近い的にボールを当てられるように丁寧にねらい、色々な投げ方を経験することがねらいです。

行い方

半径５～ 10m の円または１辺５～ 10m のコートを作ります。中央にコーンや段ボール等の的を 10 個程度置きます。外側からボールを投げて的を倒します。チームごとに的を全て倒すまでの時間を計り、競争します。

大きなコーンであれば、ドッジボールを使います。小さなコーンや軽い段ボールであれば、硬式テニスボールを使います。

また、１チームの人数は 10 ～ 30 人程度で行い、投げ方も色々な投げ方を指定して行います。

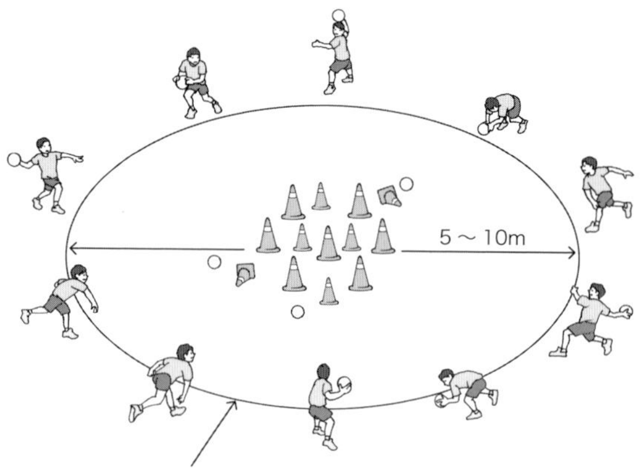

図 23 ●的当てゲーム - Ⅰ

❷的当てゲーム - Ⅱ ［図 24］

ねらい

オーバーハンドスローで正確に投げることが第１のねらいです。徐々に遠くの的をねらい、遠投力を向上させることが第２のねらいとなります。

行い方

コーンや段ボール箱を的として、5m、10m、15m、20m、…40m に置きます。ソフトボール、ヴォーテックス・フットボール、ターボジャブ、硬式テニスボールといった手に収まる大きさの物をオーバーハンドスローで、近い的から順にねらって投げます。単に投げる練習だけでも、十分に熱中して練習できますが、さらに、「5m の的に当てると５点、10m の的に当てると 10 点、15m の的に当てると

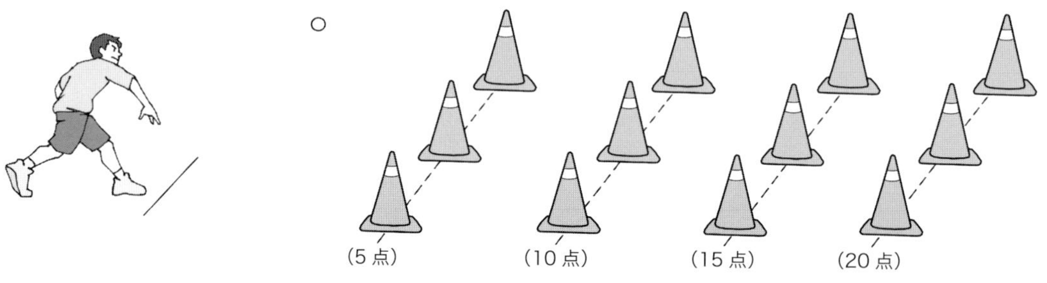

図 24 ●的当てゲーム - Ⅱ

15点、……」と得点をつけて、個人対抗やチーム対抗のゲームにすると一層面白く練習できます。

ゲーム化すると、高得点をあげるために徐々に遠くの的をねらうようになり、遠投の練習にもなります。輪や円盤を使って、サイドスロー（ターン）での的当てとしても応用できます。

❸ドッジボール

ねらい

ドッジボールは究極の的当てゲームと言えます。投げる方は、色々な投げ方で、正確に、強く投げることが要求されます。かわす方は、ボールをかわすために、ボディーコントロールが要求されます。このような、正確に強く投げることや体をコントロールすることがここでのねらいと言えます。

行い方

Ⓐ 2チーム対抗ドッジボール［図25］

図のようなコートで、2チーム対抗で行います。

Ⓑ 4チーム対抗ドッジボール［図26］

図のようなコートで、4チーム対抗で行います。ボールも2個使ってゲームを行います。

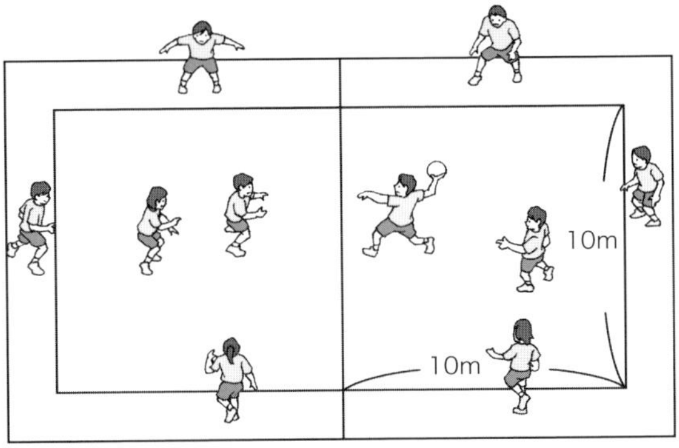

図25 ● 2チーム対抗ドッジボール

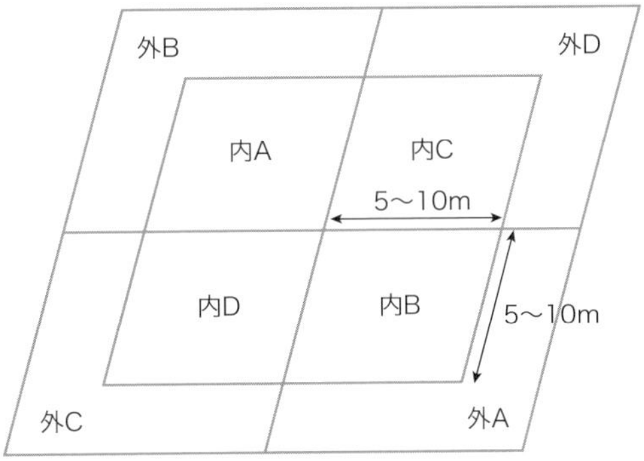

図26 ● 4チーム対抗ドッジボール

❹ジャンケンボール当てゲーム［写真46］

ねらい

的当てゲームですので、正確にボールを投げることがねらいです。また、逃げる方は素早いダッシュをすることがねらいとなります。

行い方

写真のように中央に台を置き、ドッジボールを乗せておきます。台をはさんでボールから1m離れた地点に輪を置きます。それぞれ輪に片足を入れた状態でジャンケンをします。ジャンケンに勝った者はボールを取り、ジャンケンに負けて逃げる者をねらってボールを投げます。逃げる者はボールを当てられないように、素早く振り返り、真っ直ぐに走って逃げます。

写真46 ●ジャンケンボール当てゲーム

❺パス＆キャッチゲーム

ねらい

パサー（パスをする人）はレシーバー（パスを受ける人）をねらって正確にパスをすること、できるだけ遠くへパスをすることがねらいです。レシーバーは、パスを受ける位置へ素早くダッシュすることとディフェンスをかわすために色々なステップをすることがねらいとなります。ディフェンス(守る人)はパスをカットできる位置へ素早くダッシュすることとレシーバーについていくために色々なステップをすることがねらいとなります。

テニスボールのように素手でキャッチできるボールを使います。

行い方

🅐パス＆キャッチ［図27］

2人組でAがレシーバーとなり、前方へ走ります。Aに合わせてBはボールをパスします。Aはボールをキャッチしたら、その場に止まります。次にBがレシーバーとなり、Aの位置よりも前方へ走ります。Bに合わせてAはボールをパスします。Bはボールをキャッチしたら、その場に止まります。

交互にパスとキャッチを繰り返して、できるだけ早くゴール地点内でパスをキャッチするようにします。

キャッチすることができなかった場合は、パスを投げた位置からやり直します。

スタート地点からゴール地点までは80～100m程度とします。場所が広いようであれば、数組が一斉にスタートして競争すると面白いでしょう。場所が狭いようであれば、タイムを測定して競います。

🅑パス＆キャッチとディフェンス

3人組でパサー、レシーバー、ディフェンスとなり、パスゲームを行います。スタート地点からレシーバーが前方へ走るのに合わせて、ディフェンスはパスをカットするために、レシーバーをマークします。パサーからレシーバーがパスを受けられれば1点とします。3人がそれぞれ役割を替えて行い、誰が1番多く得点できるかを競います。

🅒チーム対抗パス＆キャッチ

🅑を発展させて、チーム対抗でパスゲームを行うこともできます。人数は5人1組程度とします。コートはサッカーコートが良いでしょう。投てき力を考慮して決めてください。

最初は自陣のゴールラインからスタートします。相手のゴールライン後方のゴールエリア内にパスを成功させれば1点です。ルールとしては、「ボールを持ったら、軸足を動かさずにパスのみで進むこと」、「ボールを持った者にはディフェンスはつかずにボールを投げさせること」、「ディフェンスはボールカットをねらうこと」などがあります。

ボールがグラウンドに落ちた時は、先にボールを保持したチームのボールとして再開します。得点後は相手ボールでスタートします。

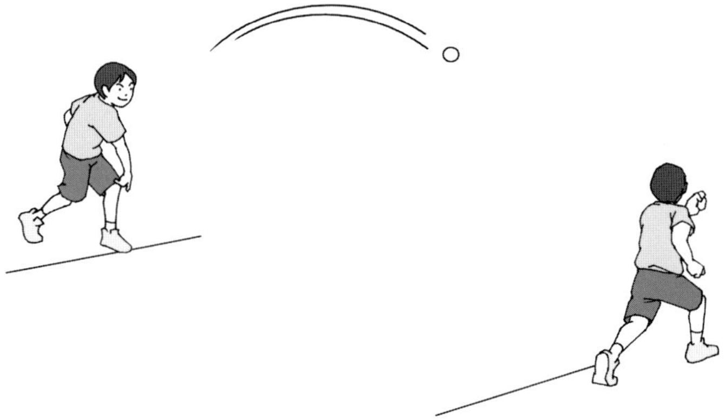

図27●パス＆キャッチゲーム

Ⅲ—各種目の練習

1 短距離走

❶スタートダッシュゲーム

ねらい

小学生段階では「いかに全力を出させるか」が重要なねらいとなります。ゲーム感覚で楽しませながら、合図に集中して、スタートダッシュを行います。指導者も場の雰囲気を盛り上げるように心がけて練習させます。

行い方

Ⓐスタートダッシュ＆タッチ［写真47］

2人組で、スタート位置をスタートラインとその1m後ろのラインの2ヶ所に分かれて、15～30mのスタートダッシュを行います。フィニッシュまでに後ろの走者が前の走者にタッチしようと追いかけます。

1回目でタッチできた場合は、2人のスタート位置の距離をさらに広げて行い、タッチできなかった場合は距離をつめて行います。逃げる方と追いかける方を交替しながら、数回行います。

留意点

走る距離は、スタートの反応の速さが結果に大きく影響して、走力差が極力出ないような距離にすると良いでしょう。

Ⓑ段差スタートダッシュ

6人1組で、15～30m競走を得点制で行います。1回目は同一のスタートラインから一斉にスタートします。1着は6点、2着は5点、……6着は1点を獲得します。

2回目からは、前のレースの順位によってスタート位置を変えて行います。1着は基準線、2着は基準線の1m前、3着は2m前、……6着は5m前となります。

得点の合計が25点となった者はレースから抜けます。人数、合計得点、距離は状況を見て、適宜変えてください。

留意点

参加した全ての子どもに1着でフィニッシュできるように条件を設定して行うことが必要です。

写真47 ●スタートダッシュ＆タッチ

2変形スタートダッシュ

ねらい

　色々な姿勢でスタートの合図に素早く反応して、スタートダッシュすることがねらいです。スタートの反応が結果を左右する距離（15～30m）で行うことにより、よりスタートに集中して行うようになります。

行い方

Ⓐスタンディング前向き［写真 48］
Ⓑスタンディング後ろ向き［写真 49］
Ⓒ長座前向き［写真 50］
Ⓓ長座後ろ向き［写真 51］
Ⓔ仰向け頭前［写真 52］
Ⓕ仰向け頭後ろ［写真 53］
Ⓖうつ伏せ頭前［写真 54］
Ⓗ腕立て姿勢［写真 55］
Ⓘ台に手を着いて［写真 56］
Ⓙ片手スタート［写真 57］

写真 48 ●スタンディング前向き

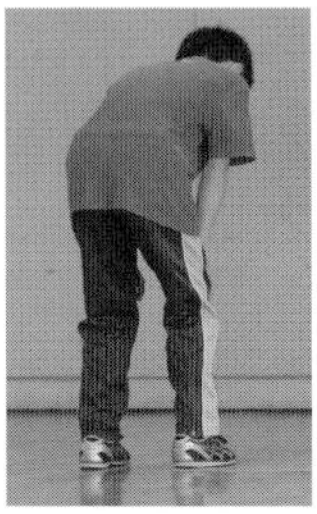
写真 49 ●スタンディング後ろ向き

写真 50 ●長座前向き

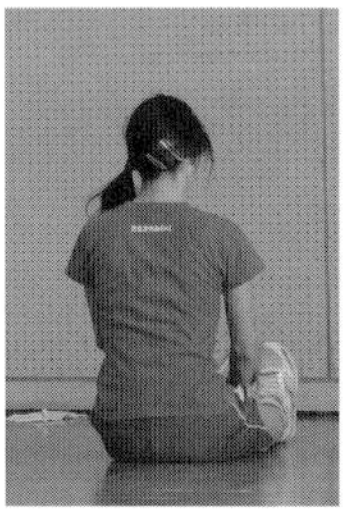
写真 51 ●長座後ろ向き

写真 52 ●仰向け頭前

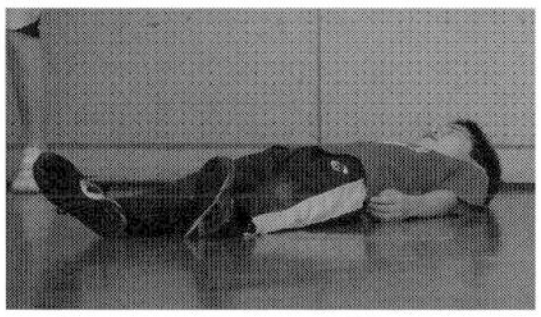
写真 53 ●仰向け頭後ろ

写真 54 ●うつ伏せ頭前

写真 55 ●腕立て姿勢

写真 56 ●台に手を着いて

写真 57 ●片手スタート

3スタートダッシュでグラウンドを押す練習

ねらい

　スタートダッシュの際に反応を早くすることをねらいとして行っているだけだと、ただ足を置いて、回転だけ速くして走るようになってしまいがちです。そこでグラウンドをしっかり押してスタートするためにマークを置いたり、ラインを踏んだり、ジャンプしたりして行うことも必要になります。

行い方

Ⓐマーク踏みスタートダッシュ［写真 58］

　スタートから最初の５～６歩はラインを踏みながらダッシュしたり、マーカーをまたいでダッシュ

写真 58 ●マーク踏みスタートダッシュ

写真 59 ● 1・2 歩強調ドリル

写真 60 ●クラウチングスタートからのジャンプ

したりします。

〈例〉

1.5 足長（35cm）、3 足長（70cm）、5 足長（1.2m）、6 足長（1.4m）、7 足長（1.7m）。

Ⓑ 1・2 歩強調ドリル［写真 59］

クラウチングスタートから 1 ～ 3 歩を、前傾姿勢を維持したままで、バウンディングするように大股で走ります。

Ⓒクラウチングスタートからのジャンプ［写真 60］

セーフティーマット（30cm 程度）をスタートラインの前方 1m ほどのところに置きます。クラウチングスタートの姿勢から合図に合わせて、前方に置いたセーフティーマットに向かって思い切ってジャンプして跳び乗ります。

❹スタートダッシュ

ねらい

❶～❸のまとめとして、実際のレースと同じ要領で、スタートダッシュの練習を行います。スタートダッシュ練習のねらいは、「素早い反応からトップスピードへのスムーズな加速」です。そこで反応の速さをねらいとするか加速をねらいとするかで、距離や競走をさせるかどうかなど方法が変わります。

行い方

Ⓐスタート反応

15 ～ 20m の競走でのスタートダッシュ。

Ⓑスムーズな加速からトップスピード

30 ～ 40m の競走でのスタートダッシュ。

Ⓒ実践練習

30 ～ 60m の競走でのスタートダッシュ。

❺スプリントドリル

ねらい

スプリントドリルを行うことにより、スプリントの動き作りを行います。主なねらいとしては、グラウンドの捉え方（接地）と押す力の向上（キック力、ストライドの増加）、前後の脚の切り替え（フリーレッグの動き、ピッチの向上）、腕振りの動き作りなどがあげられます。

行い方

🅐ミニハードルでの両脚ジャンプ

ミニハードルを 1m 程度の間隔で 6 ～ 10 台並べます。両脚で踏み切り、連続してジャンプします。グラウンドの捉え方と押し方を身に付けることがねらいとなりますので、接地の際には膝をできるだけ伸ばして、親指の付け根あたりで接地して、できる限り短時間でジャンプします。ジャンプに合わせて腕も前後にしっかり振るようにします。

🅑脚の切り替えドリル［写真 61］

ハイニー（もも上げ）の要領で片脚を上げ、支持している脚で「トン・トン」とリズムをとり、「パッ」で上下の脚を入れ替えて、ハイニーの姿勢になります。これを「トン・トン・パッ」のリズムで 10m 程度前進しながら繰り返します。

🅒ラダー、ミニハードル、マーカーでのドリル［図 28］

➡JAAF HP

図のようにラダー、ミニハードル、マーカーを並べます。ハイニーの要領でタイミングよくグラウンドを捉え、押すことがねらいです。

ラダー（輪でもよい）では 1 マスに 1 歩ずつ親指の付け根から接地して、リズミカルに足を踏みつけます。足を踏みつけた反動で膝を前に引き上げるように意識します。ミニハードルではより強く足を踏みつけ、素早く膝を前に引き上げます。

マーカーではさらに強く足を踏みつけて、ストライドを伸ばします。マーカーを越えた後は、自然なストライドで 10m 程度走ります。

最初のラダーから止まるまで、軽快なリズムを維持しながら走りましょう。

写真 61 ●脚の切り替えドリル

🅓片脚強調走［図 29］

グラウンドをしっかりと押して前方へジャンプすることにより、キック力の向上をねらって行います。

数歩助走をつけて右（左）脚で軽く前方にジャンプします。この時､股関節を十分に開きます。左(右)脚で着地したら（「タ」)、すぐに右（左）脚で 1 歩踏んで再び素早く前方にジャンプします（「ターン」)。以上を「タ・ターン」のリズムで繰り返して、20m 程度行います。逆の脚でも同様に行います。

留意点

着地足にしっかり重心が乗っていること、素早い脚の切り替えを意識して行います。

🅔ライン踏み走［図 30］

図のように、「徐々にストライドを伸ばす」「狭いストライドで速く脚を回転させる」「広めのストライドにして大股で走る」など、目標のストライドにラインを引いてラインを踏みながら走ります。また、ラインの代わりにミニハードルやマーカーを利用して行っても良いでしょう。

🅕腕振り制限走［写真 62］

「腕を前に伸ばし、手のひらを合わせる」「腰のあたりで手を組んだり、腰に手を当てる」「胸の前で腕を組む」。以上のように腕振りを制限して 20m 程度走り、その後、腕を振って 20m 程度走ります。

このように腕振りを制限することで、腕振りが重要であることを実感することができます。その結果、しっかりと腕を振るようにすることがねらいです。

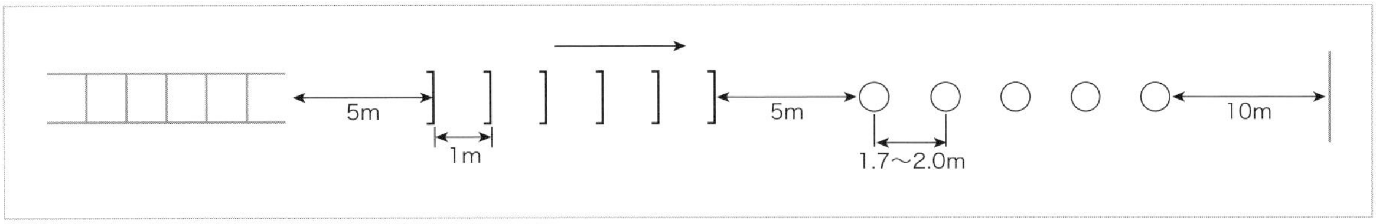

図 28 ●ラダー、ミニハードル、マーカーでのドリル

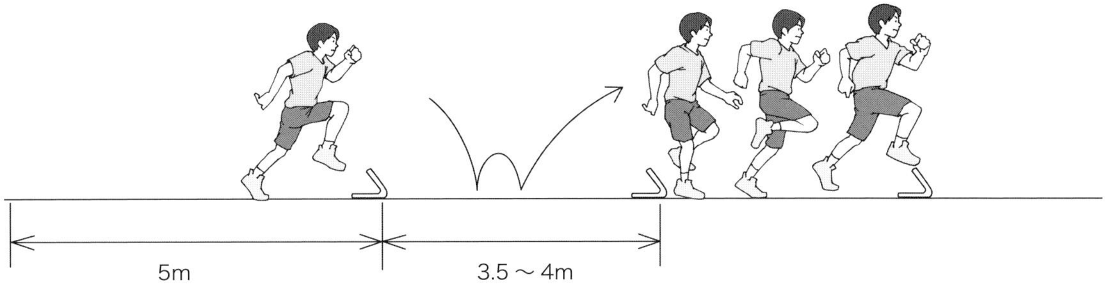

図 29 ●片脚強調走

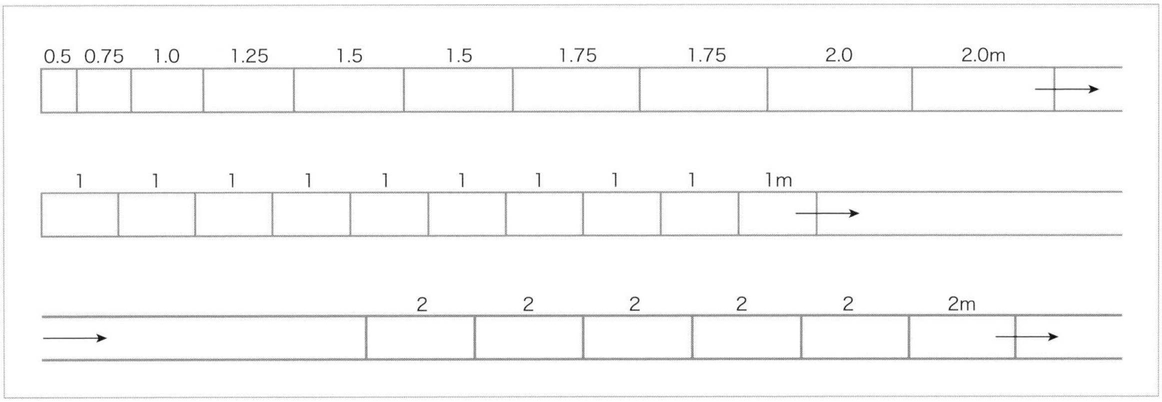

図 30 ●ライン踏み走

写真 62 ●腕振り制限走

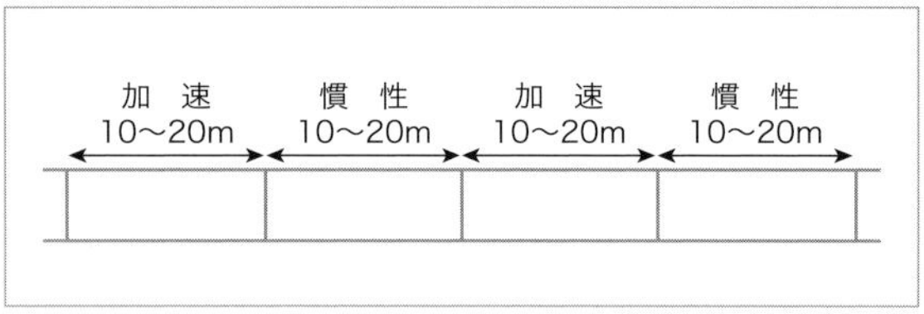

図 31 ●インアウトスプリント

❻インアウトスプリント（ウェーブ走）［図 31］

ねらい

加速走と慣性走（フロート）を繰り返すことで、リラックスしたスプリントを体感するために行います。

行い方

10 〜 20m 加速して、10 〜 20m 慣性で走ります。この繰り返しを２回から３回連続して行います。

❼助走付き全速疾走［図 32］

ねらい

トップスピードを体感するために、10 〜 20m の加速区間を付けて 20m 走り、タイムを計ります。

行い方

タイムを計る時は、測定区間の入り口でピストルをうつか腕を振って合図をします。測定者は合図に合わせてストップウォッチを押してスタートします。フィニッシュ地点の通過に合わせて、ストップウォッチを止めて測定します。

トップスピードを出すための練習として、数回実施します。

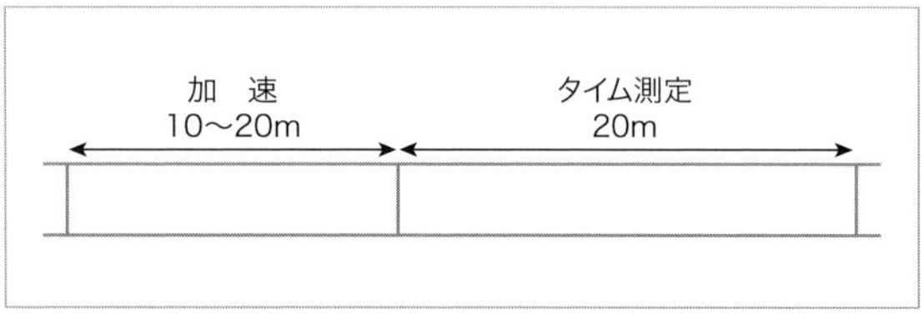

図 32 ●助走付き全速疾走

2 リレー

バトンパスは、「テークオーバーゾーン内で、スピードが損なわれることなくスムーズに行われる」ことが大切です。

バトンパスの方法には、①４× 100m リレーで用いられる、受け手が後方を見ないで行われるオーバーハンドパスとアンダーハンドパス、②４× 400m リレーで用いられる、受け手が後方を見ながら行うバトンパスとがあります。

ここでは、①の受け手が後方を見ないで行われるオーバーハンドパスの練習法を紹介します。この方法は、渡し手から受け手の手のひらが良く見えるので、渡しやすくタイムロスが小さくなるという特徴があります。また、利得距離が得やすくなります。

❶リレー練習

ねらい

４× 100m リレーでは、コーナーを走る第１走者と第３走者はレーンの内側を走りますので、バトンを右手に持って走ります。直線を走る第２走者と第４走者はレーンの外側を走っても、走距離は変わりませんので、バトンを左手に持ってレーンの外側を走ります。このように４× 100m リレーではバトンを持ち替えずにバトンパスを行うので、渡し手がバトンを渡す間隔や声をかけるタイミング、受け手が手を後ろに上げるタイミングや手の出し方など、バトンの受け渡し方を覚えることが必要になります。リレー練習Ⓐ〜Ⓓのねらいは、その場、ジョギング、快調走で確実にバトンの受け渡しを行えるようにすることです。

Ⓐその場バトンパス１［写真 63］

行い方

その場バトンパスは、４人が 1.2 〜 1.5m の間隔（受け手と渡し手が腕を伸ばしてバトンを渡せる距離）で並びます。その際に、第１走者は右手にバトンを持ちます。第２走者は第１走者の右斜め前、

写真 63 ●その場バトンパス

写真 64 ●ジョギングでのバトンパス

第3走者は第2走者の左斜め前、第4走者は第3走者の右斜め前に並びます。

脚を前後に開いて立ち、4人で一斉に腕振りを始めます。第1走者から順に、渡し手は受け手のタイミングを見計らって、「はい」と声をかけます。受け手は「はい」と言われたら、手のひらが渡し手に向くように腕を後ろに伸ばして肩の高さに上げて、バトンを受け取ります。渡し手は受け手の手のひらにバトンを押し込むようにしっかりと渡します。第4走者までバトンパスを行ったら、第1走者へバトンを戻します。

Ⓑその場バトンパス２

Ⓐのその場バトンパスが上手にできるようになったら、次は1歩分間隔を広げて、受け渡しの際に1歩踏み込んでバトンパスを行います。

Ⓒジョギングでのバトンパス［写真 64］

4人で1列に並び、ジョギングをしながら、Ⓐのその場バトンパスの要領でバトンパスを行います。第4走者がバトンを受け取ったら、バトンを下に置き、第1走者がバトンを拾って、バトンパスを繰り返します。また、前にいる第4走者から後ろへバトンパスをして戻しても良いでしょう。

Ⓓ快調走でのバトンパス

4人で並び、100m 程度の快調走の間にバトンパスを行います。

Ⓔ２人組でのバトンパス

ねらい

レースと同じように全速力で走りながら、テークオーバーゾーンを使ってバトンパスを行います。第1走者から第2走者、第2走者から第3走者、第3走者から第4走者の間で、実際のレースと同じ要領でバトンパスを行います。この練習では、受け手の立つ位置、走り出すマークの調整を行ことがねらいです。

行い方

渡し手はテークオーバーゾーンの後方 30 ～ 50m より加速して全速力で走ってきます。受け手は、渡し手がマークまで来たら、前を向いて全力で加速します。渡し手はバトンを渡せる位置まで追いついたら「はい」と声をかけます。受け手は「はい」の合図で、腕を後ろに上げてバトンを受け取ります。

この時に、予定位置よりも手前でバトンが渡った時は、受け手がマークを後方にして、より早くスタートするようにします。反対に、予定位置よりも先になった時は、受け手がマークをスタート位置に近づけて、より渡し手を引き付けてからスタートするようにします。このように、各走者間のバトンパス位置を調整します。

3 長距離走

持久力（スタミナ）は、たくましく丈夫な子どもを育てるために必要です。そのためには、長距離走などの運動を取り入れることです。しかし、児童期の子どもの呼吸・循環器機能は、心臓の重量が成人の約60％しかないように、まだ十分に発達していません。

そこで、子ども達に長距離走などの持久的運動を行わせる場合は、強い運動負荷を与えることがないように、無理なく楽しく行わせるよう配慮することが大切です。以下、楽しい長距離走の練習例をいくつか紹介します。

❶ 1000m 申告タイムレース ［写真 65］

ねらい

この練習は、速さ（タイム）を競うのではなく、あくまでも走るスピード感覚（ペース）を覚え、効率の良い走りを身に付けることをねらいとして行います。

行い方

始めに 1000m を、無理のないペースで走ってタイムを計ります。次に、個人やペア、４～５人のグループを作って、自分達の目標タイムを申告させ、誰が、あるいはどのペアやグループが、それと最も近いタイムで走ることができるかを競争します。

なお、申告タイムについては、「楽なもの、普通のもの、やや頑張る必要があるもの」などの基準を設定するようにします。

この練習では、少し長めの距離を気持ち良く、一定のスピードで走り続ける楽しさを味わわせることができます。また、申告タイムにどれだけ近づくことができるかどうかも、楽しみのひとつとなります。

留意点

子ども達には、「スピードを上げたり下げたりするのではなく、なるべく同じペースで走る」よう、前もってアドバイスしておきます。

❷ペースメーカー走 ［写真 66］

ねらい

この練習は、自分のペースで人を引っ張ったり、先頭の人のペースに合わせて走ったりすることによって、スピードの変化を楽しみながら、持久力を養成することをねらいとして行います。

行い方

５人くらいでグループを作り、縦１列に並んで走りながら順に先頭を交替します。先頭に出た人のペースに合わせて、決められた距離や時間を走り通します。

写真 65 ● 1000m 申告タイムレース

写真 66 ●ペースメーカー走

留意点

この練習で走る距離は 1000 ～ 1500m とし、時間は 7 ～ 10 分くらいとします。

また、先頭に出た人はスピードを急に上げたり、あまり速いペースで引っ張ったりしないように気をつけるようにします。また、他のグループとの競争は、しないようにします。

❸ミニ駅伝（たすきリレー）[図 33]

ねらい

この練習は、「駅伝」の楽しさを味わわせながら、持久力の養成とチームワークを高めることをねらいとして行います。

行い方

1 チーム 5 人で、5 区間 5000m を走る駅伝（たすきリレー）を工夫します。この場合、1 人 1000m ずつ（均等距離）にするのも良いのですが、メンバーの中には、短い距離を得意とする者や、逆に長めの距離を得意とする者もいることが考えられますので、なるべく区間ごとに距離を変えて設定する方が、より「駅伝」らしくなり、一層楽しい活動となります。

5000m を 5 区間にする場合、1500m － 1000m － 500m － 500m － 1500m（図参照）や 1000m － 1500m － 500m － 500m － 1500m にすると良いでしょう。また、計測が可能であれば、1200m － 800m － 1500m － 500m － 1000m などに設定するのも良いでしょう。

このミニ駅伝は、男女混合にすることもできます。その場合、男女それぞれの区間を特定したり、逆に区間を特定せずに、チームの作戦に任せるのも楽しい活動となります。

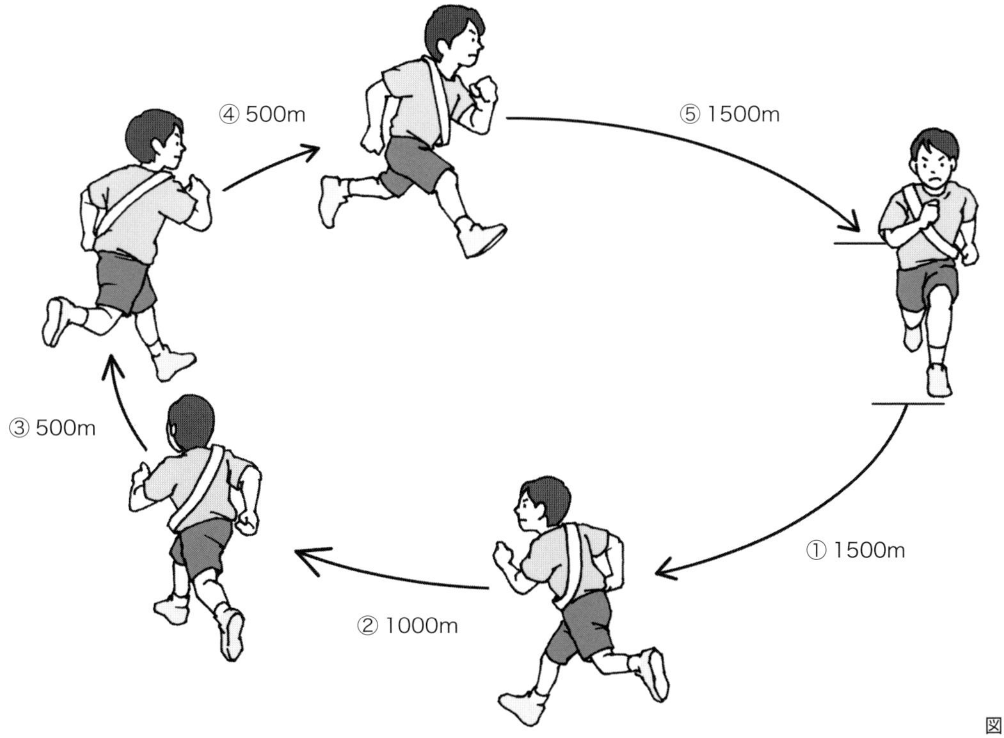

図 33 ●ミニ駅伝

図 34 ●やさしいサーキット運動

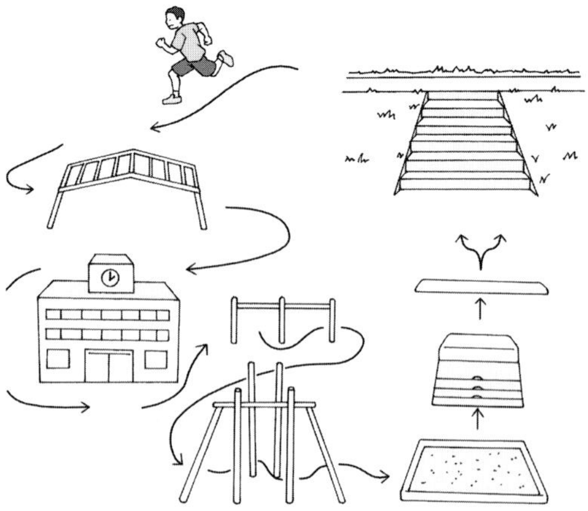

図 35 ●校庭サーキット走

❹サーキット運動、校庭サーキット走 ［図 34・35］

ねらい

サーキットは、様々な動きや種々の施設・運動具を利用した運動を連続して行うことによって、調整力や瞬発力などの基礎的体力や持久力を養成することをねらいとして行います。

行い方

図 34 のような「やさしいサーキット運動」や図 35 のような「校庭サーキット走」は、基礎的体力の養成とともに持久力の養成にも役立ちます。「校庭サーキット走」では、校庭に置かれている施設・運動具などを利用し、変化に富んだ楽しい運動を持続させて行うようにします。

留意点

「やさしいサーキット運動」の場合、種目数や回数など、あまり厳しい設定にならないように注意する必要があります。また、「校庭サーキット走」の場合は、最近では「うんてい」が使用できなかったり設置されていない場合がありますので、代わりにハードルを置いたり、縦に等間隔で連続して埋められているタイヤを利用するようにします。また、鉄棒ではジグザグにくぐり抜けたり、逆上がりや斜め懸垂など、それぞれ回数を決めて行うようにします。

4 ハードル走

ハードル走は短距離走ですが、短距離走とは異なった技術が必要とされます。ハードル走では、ハードリングにおける重心の上昇を抑えた踏み切り動作と、落下してくる体を支え、走方向へのスムーズな重心の移動ができる着地動作を習得することが重要なポイントとなります。

ハードル走ではハードルが一定の間隔に置かれていますので、ハードルの間を速いリズム（ピッチ）で走れることが記録を左右すると言えます。

アンダー 12 の子ども達にハードルを指導する時には、以下のことに注意すると良いでしょう。

①ハードリングは、ハードルを越えるためにスプリント動作が変化したものであり、スプリントが変化したリズム走と考えて指導するようにしましょう。

②子どもの発育・発達を考慮して、子どもに合わせてアプローチ距離、インターバル距離やハードルの高さを調整します。その際に子どもの疾走スピードやインターバルのリズムが低下することのないようにします。

③ハードルに脚をぶつけたり、転倒したりする恐怖感や痛みによる不快感をできる限り少なくするように工夫します。

④子どもの成長に伴うスピードや脚力の向上、ハードリング技能の向上に合わせてハードルのセッティングを変えることにより、子どもの持っている挑戦心を満足させられるように配慮します。

⑴インターバル走のリズムを作る練習

❶リズムステップオーバー走 ［図 36］ ➡JAAF HP

ねらい

軽いステップで、インターバル走のリズムを身に付けることをねらいとして行います。直線で行われるハードル走は、「インターバルを３歩で走る」と言われますが、走りながら「1・2・3」と数えていると数える方に意識が集中してしまい、走ることがおろそかになってしまうことがよくあります。最初は、ハードル間に輪やマーカーを４個均等に置いて、インターバルを同じリズムで走ることから始めると、良いリズムを習得できます。

行い方

図のように、スタートラインから 4.5m の位置に１台目のハードル（高さ 20 ～ 40㎝）を置き、２台目からは 2.5m 間隔でハードルを５台置きます。

もも上げ走の要領で１台目までを８歩、インターバルを３歩で走り、ハードルをまたぎ越し（ステップオーバー）ます。

インターバル走の３歩のリズムが習得できていない場合は、下の図のように 50㎝ごとに輪やマーカーを４個均等に置いて、その輪やマーカーを踏みながら行うと習得しやすくなります。インターバル走の３歩のリズムを着地足から数えて、４歩（1・2、1・2）のリズムで行わせることも可能です。

ステップオーバーをする際には、リード脚の膝をしっかりと曲げ、膝頭で前にリードする意識を持って、ももを上げます。

踏み切った脚（抜き脚）はリード脚の着地にタイミングを合わせるように前に引き出します。

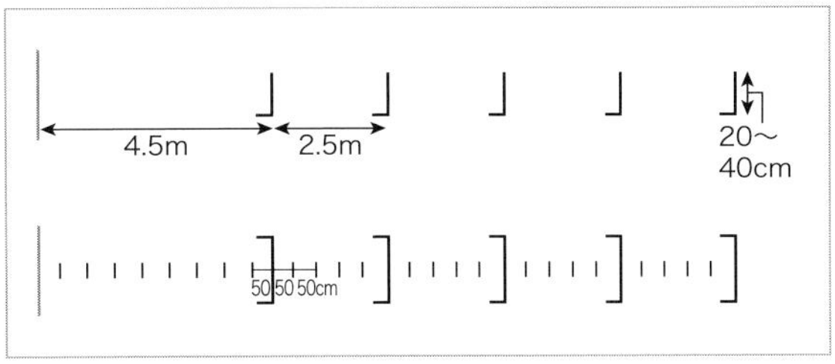

図 36 ●リズムステップオーバー走

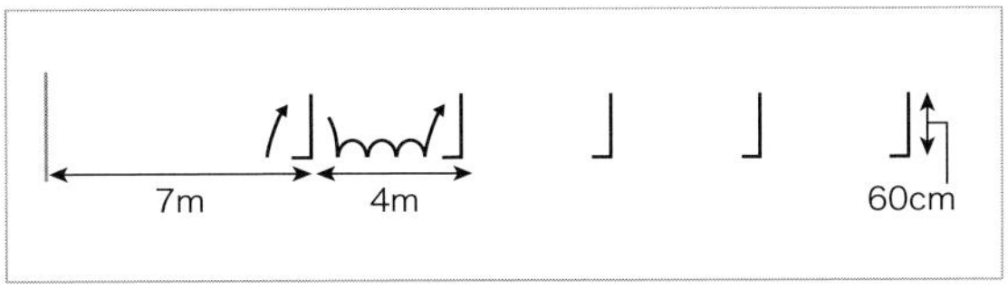

図 37 ●クイックステップドリル

❷クイックステップドリル ［図 37］ ➡JAAF HP

ねらい

ハードル走ではみんなが同じインターバル距離を走りますので、より速く走るためには、より速いリズムでステップすることが重要となります。そこで、ここではより速いリズムでインターバル走を行うことがねらいとなります。

行い方

図のようにスタートラインから 7m の位置に１台目のハードル（高さ 60㎝）を置き、２台目からはハードルを 4m 間隔で５台目まで置きます。

もも上げ走の要領で１台目までを８歩、インターバルを３歩でできる限り速く走り、ハードリングを行います。

留意点

良いリズムで行うことが最優先ですので、ハードルの高さは無理なくできる高さから始めてください。

３歩で走ると余裕がなく、ハードリングのバランスが保てないようであれば、ハードルの間隔を 7m 程度に伸ばして、７歩や５歩で行ってみるのも良いでしょう。

❸リズム大股走

ねらい

インターバルをリズミカルに走れるようになったら、次はハードルをまたぎ越すだけではなく、輪から輪へ、マークからマークへ（1.5～2m）と前方へのジャンプとインターバル走を繰り返し行い、ハードルを前方へ跳び越す感覚を養います。

行い方

図 38 のようにスタートラインから 12～13m の位置にマークをつけ、その先は 6m 間隔にマークをつけます。各マークからスタート側へ 1m、前方に 50cm～1m の位置に輪の中心を置きます。スタートラインから走り出して、輪から前の輪へジャンプし、着地したらインターバル走を行い、次の輪から前の輪へジャンプを繰り返します。

❹低ハードル練習

ねらい

リズム大股走で前方へジャンプする感覚ができたら、次は低いハードルを置いて、全力疾走で行ってみます。低いハードルに慣れてきたら、ハードルを徐々に高くして、高さに慣れることをねらいにして行います。ただし、速いリズムで走れるように短めのインターバルに設定して行います。

行い方

図 39 のようにスタートラインから 12～13m の位置に 1 台目のハードル（高さ 40～68㎝）を置き、2 台目からは 6m 間隔に 5 台目まで置きます。

1 台目のハードルまで（アプローチ）をできるだけ加速してハードルをクリアします。この時、踏み切り位置がハードルに近いと高く跳び上がってしまいますので、慣れるまでは踏み切り位置に印をつけて行うとわかりやすいでしょう。

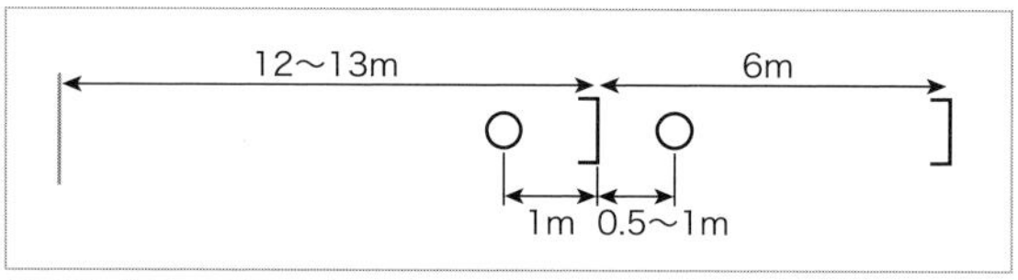

図 38 ●ハードルのセッティング

1 台目にスムーズに入れるようであれば、2～5 台目まで通して行います。ハードルに近づき過ぎないためには、第 1 ハードルと同様に、踏み切り位置に印をつけて行っても良いでしょう。

留意点

できるだけ速いリズムで走れることが重要ですから、子どもの身長や走力に合ったハードルのセッティング（身長の 40％の高さ、スプリント・ストライドの 4 歩分のインターバル距離）にしてください。踏み切り位置はハードルの 1.6～1.8m(7～8 足長)手前にします。

⑵ハードリングの基礎的な動き作りのためのドリル

❶リード脚のドリル

ねらい

ハードルの横を使い、リード脚（振り上げ脚）の動きに集中して行います。「膝をしっかりと折りたたみ、真っ直ぐ前にすねを振り出し、上体の前傾で太ももを抑え、膝から引き戻して体の重心の真下に着地する」という動きを覚えることがねらいです。

行い方

Ⓐハードルの横を歩きながら行うドリル［写真 67］

➡JAAF HP

図 40 のようにハードル（高さ 60～68㎝）を 3m 間隔で 5～6 台並べます。ハードルの横を歩きながら、ハードルの手前 50㎝のあたりでリード脚の膝を曲げて、太ももがお腹に当たるように素早く引き上げます。脚の動作に合わせて腕も前後にしっかりと振りながら行います。引き上げたリード脚は力を抜き、膝を引き戻すような意識で着地をして、3 歩でつないで繰り返します。

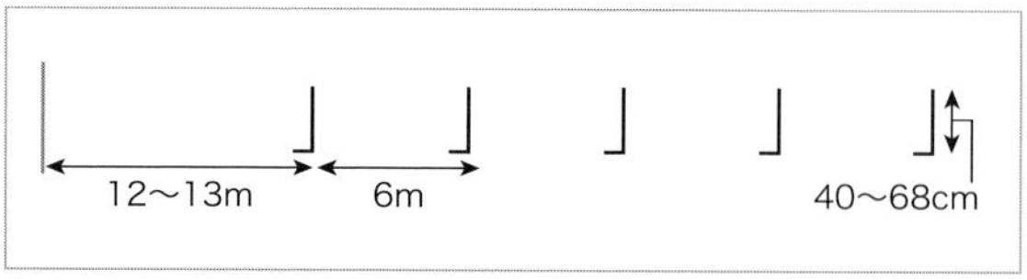

図 39 ●ハードルのセッティング

写真 67 ●ハードルの横を歩きながら行うリード脚のドリル

写真 68 ●ハードルの横を走りながら行うリード脚のドリル

Ⓑハードルの横を走りながら行うドリル［写真 68］

➡JAAF HP

図40のようにハードル（高さ60〜68㎝）を5m程度の間隔で5〜6台並べます。ハードルの横を軽く走りながら、ハードルの手前1.6mのあたりでリード脚の膝を曲げて、太ももがお腹に当たるように素早く引き上げて踏み切ります。リード脚の動作に合わせてリードする腕もしっかりと前に突き出します。引き上げたリード脚は力を抜いて、すねを振り出してから、膝を引き戻すような意識で重心の真下に着地して、3歩でつないで繰り返します。

リード脚を振り出す時には、ハードルの横木の模様などを目標にすると正確に行うことができます。

❷抜き脚のドリル

ねらい

ハードルの横を使い、抜き脚に集中して、動作を身に付けることがねらいです。踏み切った脚は後方に十分に残し、体の重心がハードルを越えるあたりから横に回して、リード脚の動きに合わせて一気に胸に向けて引きつけます。リード脚が着地した時には、抜き脚が胸の前でスプリントの姿勢になっていることが理想です。踏み切りから着地まで、腕の動きと協調させてバランスよく行うことが重要です。

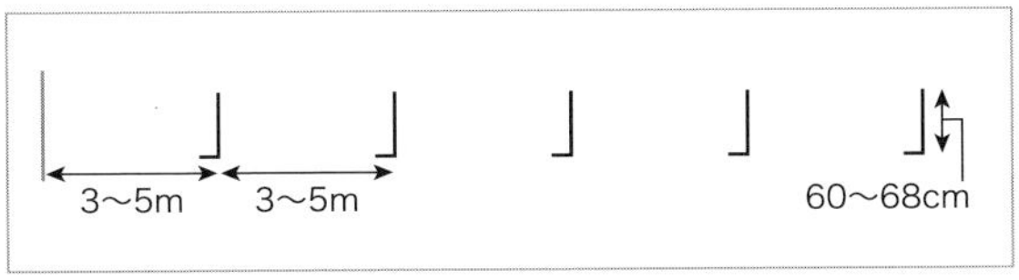

図 40 ●ハードルのセッティング

行い方

Ⓐハードルの横を歩きながら行うドリル［写真 69］

➡JAAF HP

図40のようにハードル（高さ60〜68㎝）を3m程度の間隔で5〜6台並べます。

ハードルの横を歩きながら、ハードルの手前50㎝のあたりで軽くリード脚を上げて、ハードルの横または少し前方に着地します。前に上げている腕を後方に戻すのに合わせて、後ろに残してある踏み切り脚（抜き脚）の膝を曲げてつま先を上げ、膝を横に回しながら体が前方へ移動するのに合わせて一気に前方に引きつけ、素早く着地して3歩でつないで繰り返します。

写真 69 ●ハードルの横を歩きながら行う抜き脚のドリル

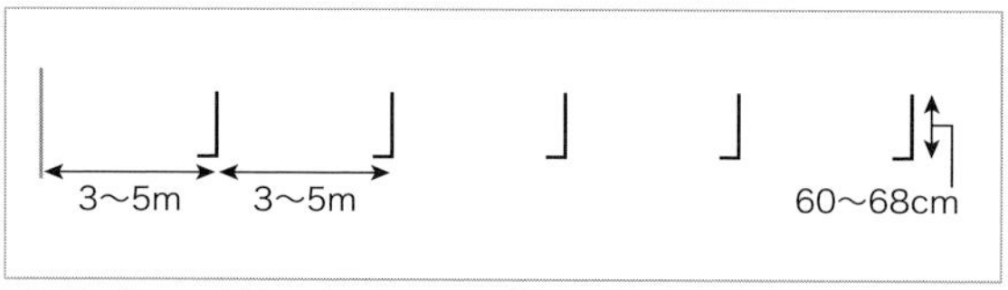

図 41 ●ハードルのセッティング

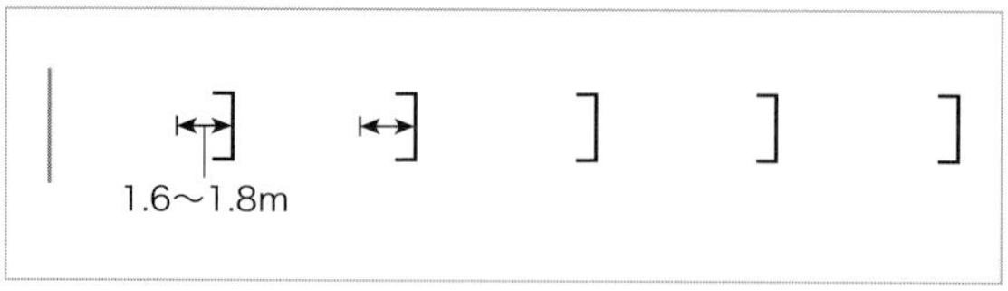

図 42 ●踏み切りの位置

写真 70 ●ハードルの横を走りながら行う抜き脚のドリル

Ⓑハードルの横を走りながら行うドリル［写真 70］

➡JAAF HP

図 41 のようにハードル（高さ 60 ～ 68㎝）を 5m 程度の間隔で５～６台並べます。

ハードルの横を軽く走りながら、ハードルの手前 1.6m のあたりで踏み切ります（図 42）。前に上げてある腕を後方に戻すのに合わせて、後ろに残してある踏み切り脚（抜き脚）の膝を横に回しながら、体が前方へ移動するのとリード脚の着地に合わせて前方に抜き、素早く疾走フォームに入って、３歩でつないで繰り返します。

留意点

踏み切りは遠くから行います。リード脚・腕と抜き脚のタイミングを合わせて、着地後、素早く疾走フォームに戻るように意識して行いましょう。

踏み切ってから抜き脚を抜く動作ができない時は、ハードルの横にミニハードルを置いて、その上をリード脚が越えるようにすると理解しやすくなります。

抜き脚を抜く方向は、上体の前傾と平行になる方向に抜きます。低いハードルで上体が起きていれば、比較的縦抜きとなり、高いハードルで上体が前傾していれば、比較的水平に抜くことになります。

❸ハードリングのドリル

ねらい

リード脚、抜き脚のドリルができるようになったならば、次はハードルの上を実際に越すドリルを行います。踏み切りから着地までのリード脚、抜き脚、腕、左右のバランスなど、全体の動きを確認しながらハードリング動作をまとめることがねらいです。

写真 71 ●歩きながら行うハードリングのドリル

写真 72 ●チェンジステップドリル

行い方

Ⓐ歩きながら行うドリル［写真 71］ ➡JAAF HP

図 41 のようにハードル（高さ 60 ～ 68cm）を 3m 程度の間隔で 5 ～ 6 台並べます。

ハードルの手前 50cmのあたりでリード脚の膝を曲げ、太ももがお腹に当たるように素早く引き上げて、ハードルをまたぎます。ハードルの前に着地したリード脚でグラウンドをけりながら、残してある抜き脚の膝を曲げ、つま先を上げて、膝を横に回しながらハードルを越えて前方に抜き、疾走フォームになることで、1 歩目を素早く踏み出します。

Ⓑチェンジステップドリル［写真 72］ ➡JAAF HP

ハードルの上で、両脚を素早く切り替えて、タイミングよく着地することをねらったドリルです。図 41 のようにハードル（高さ 60 ～ 68cm）を 3m 程度の間隔で 5 ～ 6 台並べます。

ハードルの手前で、いったんリード脚で軽くジャンプします。踏み切り脚で着地し、その反動でジャンプすると同時に、リード脚を膝から引き上げます。リード脚が着地するタイミングに合わせて抜き脚を前方へ引き出し、素早く疾走フォームとなります。

Ⓒ 1 歩ハードル［図 43］ ➡JAAF HP

ハードリングのバランスと踏み切りのキック力を向上させることをねらって行います。図 41 のようにハードル（高さ 60 ～ 68cm）を 3m 程度に 5 ～ 6 台並べます。

ハードルを越えたら、次の 1 歩目で再び踏み切ります。ハードリングを重視する場合は、インターバルは 3 ～ 3.5m、キック力を強化する場合は、3.5 ～ 4m と長めにします。

Ⓓクイックステップドリル

P. 71 の❶クイックステップドリルの要領で、ステップ（3 ～ 7 歩）には少し余裕を持たせながら、ハードリングに意識を集中させて行います。

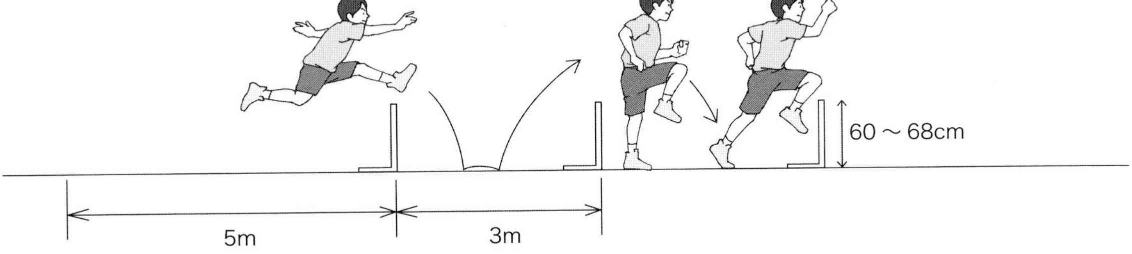

図 43 ● 1 歩ハードル

写真 73 ●片脚強調走

写真 74 ●両脚閉脚抱え込み跳び

❹脚力向上のためのドリル

行い方

Ⓐ片脚強調走［写真 73］

図 44 のようにマーカー（低いハードルなど）を 3.5 〜 4m 間隔で 10 個程度並べます。１歩ハードルの要領（タ・ターン）で、前へジャンプしながら走ります。マーカーを越えたら、体の重心の真下に着地し、着地時にフリーレッグの膝が着地脚の膝よりも前にあるようにします。ねらいは、より強いキック力と大きなストライドを得ることです。

留意点

写真のようにキックした脚を後方に残して、十分に前後開脚してジャンプし、着地前に素早く前後の脚を入れ替えて着地します。必ず左右両脚行います。

Ⓑ７歩ドリル

目標とするインターバル距離の２倍のインターバルで３〜４台ハードルを並べます。ハードル間を７歩で全力疾走します。ストライドを伸ばし、目標のインターバルが３歩で走れるようになること、より高いスピードでのハードリングが行えるようになることがねらいです。

Ⓒハードルでの両脚閉脚抱え込み跳び［写真 74］

図 45 のようにハードル（高さ 30 〜 40㎝）を１〜 1.5m 間隔で５〜６台置き、連続して跳び越えます。着地の際にできるだけ膝を伸ばして、足の親指の付け根あたりで着地し、足が接地している時間を短くしてジャンプすることが大切です。落下してくる体の重さを利用して、リバウンドジャンプすることでパワーアップをねらいます。

Ⓓ台上から落下後のスプリント［写真 75］

写真のように台上（高さ 30 〜 40㎝）から前方に跳び降りて片脚で着地し、そのまま５〜 10m 走

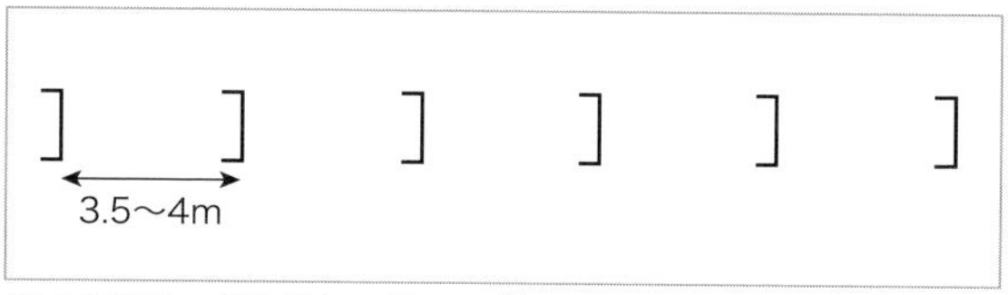

図 44 ●ハードルのセッティング

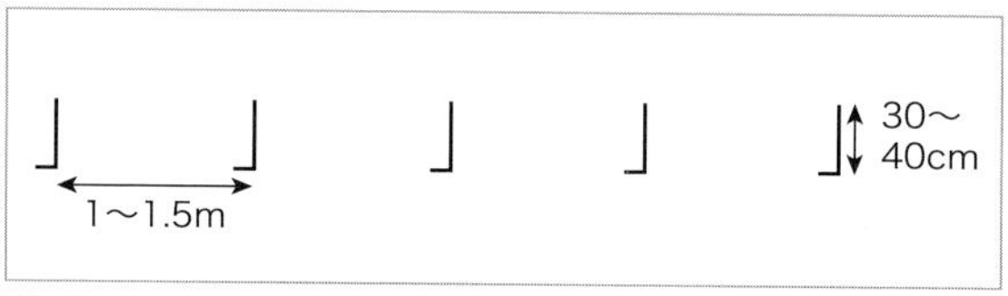

図 45 ●ハードルのセッティング

写真 75 ●台上から落下後のスプリント

ります。大切なのは着地時にハードリングの着地時と同じようにスプリントフォームになっていることです。落下してくる体の重さを利用して、リバウンドジャンプする要領で1歩目を踏み出すようにしましょう。

⑶レース中の技術のポイントに応じた練習

ねらい

ここでは、ハードル走の技術的なポイントにねらいをしぼって練習することにより、弱点の強化・修正や実践的な技術の向上を目指します。

行い方

Ⓐスタートから2〜3台目の練習［図46①］

スタートから1台目へのアプローチと1台目を確実にクリアすることをねらいとして行います。

留意点

慣れないうちはハードルの高さを少し低くして行っても良いでしょう。とくに1台目を低くして行うことで、恐怖感を少なくすることができます。

Ⓑスタートから5〜6台目の練習［図46②］

アプローチから1台目をうまく越えられるようになったならば、次はインターバル走の速いリズムを習得する練習を行います。とくに5〜6台目はトップスピードの出る区間ですから、前半にミスのない、スムーズなレース運びを意識して練習することが大切です。

Ⓒアプローチ距離を延ばした練習［図46③］

アプローチを2〜4歩延ばして、助走を付けて行います。より高いスピードで1台目に入れるようにすることで、実際のレース時の安定した1台目の入りをねらいにして行います。

Ⓓ漸増的なインターバルの練習［図46④］

1〜2台目を1m短いインターバル、2〜4台目を50cm短いインターバル、4〜6台目を正規のインターバル（7m）で行うことにより、より速いステップで加速し、より高いトップスピードを得ることをねらいとして行います。

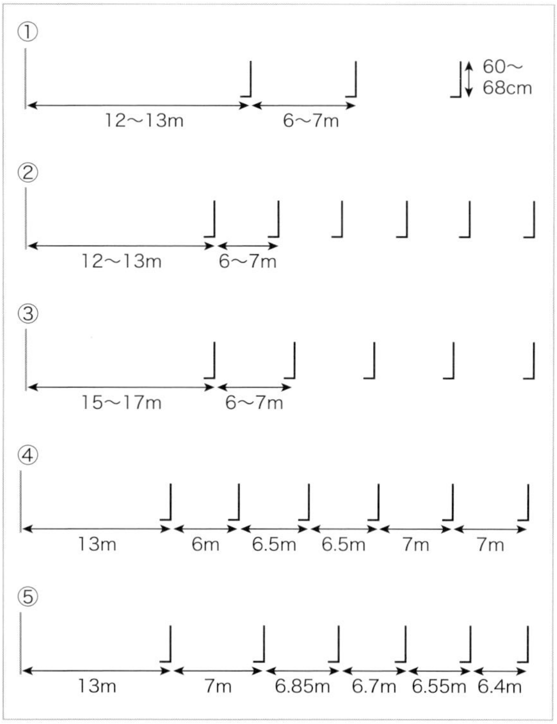

図46 ●ハードルのセッティング

Ⓔインターバルを短くしていく練習［図46⑤］

レースの後半は疲労により、インターバル走のピッチが低下してきますので、インターバルの距離を短くすることで、ピッチの維持をねらいます。

〈例〉

1〜2台目：7m、2〜3台目：6.85m、3〜4台目：6.7m、4〜5台目：6.55m、5〜6台目：6.4m

Ⓕタイムトライアル

スタートからフィニッシュまでの全体的なまとめの練習として、様々な距離でタイムを計ります。

〈例〉

○30mH（13m − 7m − 10m ／ 13m − 7m − 7m − 3m）

○50mH（13m − 7m − 7m − 7m − 16m ／ 13m − 7m − 7m − 7m − 7m − 9m）

○70mH（13m − 7m − 7m − 7m − 7m − 7m − 7m − 15m ／ 13m − 7m − 7m − 7m − 7m − 7m − 7m − 7m − 8m）

5 走り幅跳び

❶川幅跳び［図47］

ねらい

この練習は、走り幅跳びに必要な「助走—踏み切り」の基礎的技術である走りのリズムや踏み切り方、跳躍力を養成することをねらいとして行います。

行い方

「川幅跳び」は、グラウンドや芝生の上に、帯ゴムやロープ、巻尺、あるいは石灰などを使って２本のラインで「川」を作り、軽く走っていって跳び越える運動です。幅の狭い「川」から幅の広い「川」を２本のラインで作り、色々な「川幅」に挑戦するようにします。なお、「川幅跳び」は、いつも同じ足で踏み切るのではなく、反対足でも行います。

留意点

芝生上では「両足着地」をしても安全ですが、グラウンドで行う場合は、なるべく両足着地はさせないようにし、踏み切り足とは反対足での片足着地を行わせるようにします。

この練習の次の展開としては、砂場で行います。砂場上に「川」を作り、それを跳び越えさせるようにすれば、砂場によって着地の安全性が確保されていますので、子ども達はさらにダイナミックな「川幅跳び」を行うことができます。

❷３歩（または４歩）リズム跳躍［図48］

ねらい

走り幅跳びでうまく踏み切るためには、踏み切り前の３歩（または４歩）を、素早いリズムで走ることです。よってこの練習は、踏み切り前の３～４歩を、素早いリズム（テンポ・アップ）で走れるようになることをねらいとして行います。

行い方

この練習は、ミニハードルを数台使用します。ミニハードルを６～7m間隔に４～５台置き、ミニハードル間を３歩（または４歩）のリズムで走り、軽くポーンと跳んでいく動作を繰り返します。

インターバル３歩のリズムで行う場合は、「1·2·3」と素早く走っていって踏み切り、ミニハードルをポーンと軽く越えて反対足で着地するようにします。また、４歩のリズムで行う場合は、「1・2・3・4」となります。

留意点

この練習で、３歩か４歩のリズムを選択するに当たっては、子ども達に何度か行わせてみて、リズムがとりやすい方を選ばせるようにします。また、インターバルについては、6m、6.5m、7mのうち、子ども達が無理なく走れる距離を選ばせます。

また、この練習では、インターバルに４つの輪（ケンステップなど）を置くと、リズムがとりやすくなります。

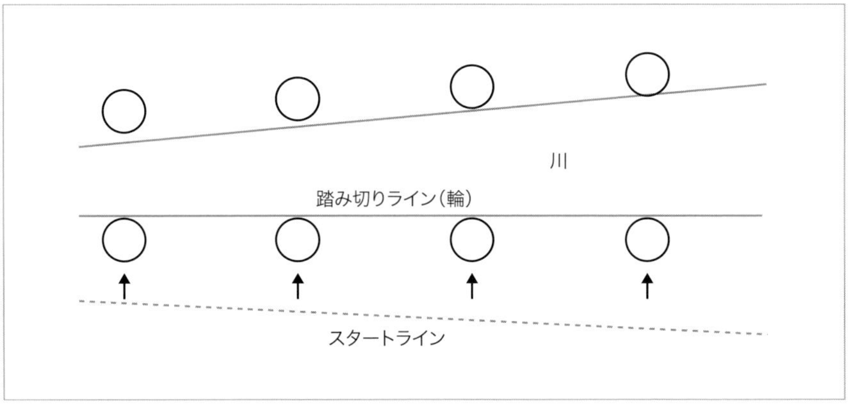

図47 ●川幅跳び

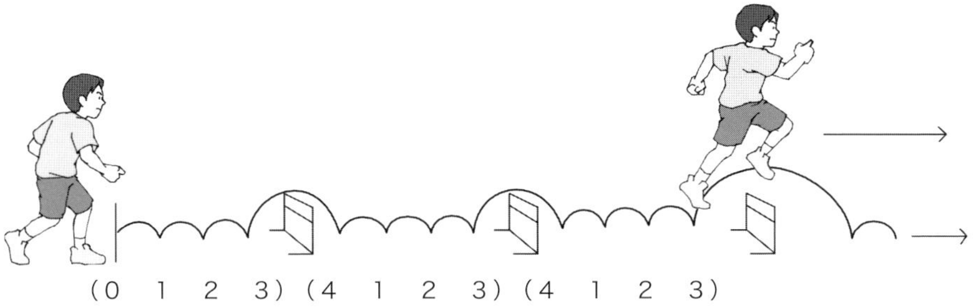

図 48 ● 3 歩リズム跳躍

図 49 ●リズム幅跳び

❸リズム幅跳び ［図 49］

ねらい

走り幅跳びでは、記録を出そうとすると力んでしまってスピードが高まらなかったり、うまく踏み切れなかったりすることがよくあります。そこで、この練習は、踏み切り前の 3 歩または 4 歩の力まないリズミカルな走りから、上手に踏み切りに入っていく動きを身に付けることをねらいとして行います。

行い方

この練習は、先の❷の動き（リズム）を生かしながら、最後に「幅跳び」を行うというものです。その方法は、助走路に 6 〜 7m 間隔でミニハードルを 2、3 台置き、❷で行ったのと同様に 3 歩または 4 歩の「リズム跳躍」を繰り返して行った後、そのリズムを生かして「幅跳び」を行います。

留意点

走り幅跳びはスピードが大事ですが、ただスピードを上げれば良いというものではありません。その点、この練習は走り幅跳びに必要なリズミカルな動きの中でのスピード養成や、タイミングの良い踏み切り技術を身に付けることに役立ちます。

なお、ミニハードル間のリズムがうまくとれるようになるまでは、目印としてインターバルに 4 つの輪（ケンステップなど）を置いたり、ラインを引いたりすると効果的です。

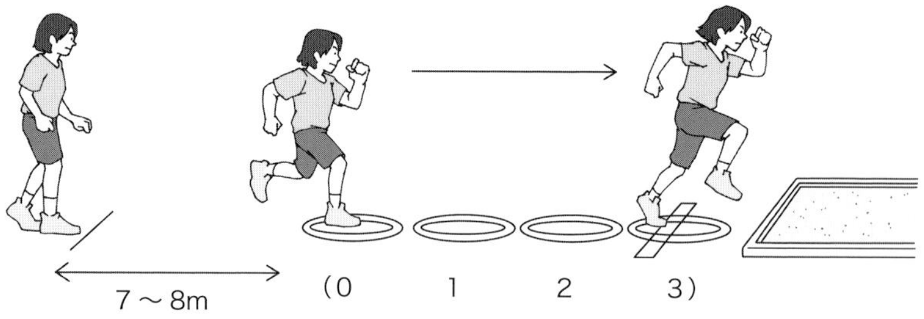

図50●輪踏み幅跳び

❹輪踏み幅跳び ［図50］ ➡JAAF HP

ねらい

この練習では、走り幅跳びにおいて重要な踏み切り前でスピードを落とさず、しかも効果的な踏み切り準備動作（＝重心を下げる）を導くために、「踏み切り前のテンポ・アップした走り（駆け上がる）」を身に付けることをねらいとして行います。

行い方

この練習では、踏み切り板の上と踏み切り前に、合計４つの輪を置きます。そして、10m前後の軽い助走から、踏み切り前に置かれた「４つの輪」を、「(—・タ・タ・タン（3歩)」、または「タ・タ・タ・タン（4歩)」と、素早いリズムで、階段を駆け上がるように走っていって跳躍します。

この練習での４つの輪の置き方は、男子（6年生）の場合、踏み切り板の上とそこから1.50m－1.70m－1.60mとし、女子（6年生）の場合、同様に、1.40m－1.60m－1.50mとすると良いでしょう。この輪の置き方の根拠は、走り幅跳びの効果的な踏み切りが「踏み切りに入る最後の１歩は、その前のストライドよりも１足長（20～30cm）短い時になされる」という研究成果に基づいたものです。

留意点

この練習で注意することは、最初の輪の真ん中にしっかりと足を入れることです。また、楽しい活動のためには、左・右脚踏み切りそれぞれによる「輪踏み幅跳び」の記録を比較したり、「輪踏み幅跳び」の記録と輪を外した時の記録を比較してみると良いでしょう。もちろん、「輪踏み幅跳び」がうまく行えるようになれば、輪を外して通常の走り幅跳びの練習を進めてみます。もちろん、この時も「踏み切り前を素早く駆け上がる」ように行います。

❺助走練習 ［図51］

ねらい

助走練習は、個人に応じた最適な助走距離・歩数を見つけることと、上手な助走の仕方によって助走スピードを十分に高め、正確に足を踏み切り板に合わせることをねらいとして行います。

行い方

助走は、単に速ければ良いというものではなく、上手な踏み切りにつながるものでなければなりません。このためには、助走の走り方はダッシュのような走り方ではなく、リズミカルに徐々にスピードを上げていく走り方が適しています。なお、アンダー12の子ども達の助走距離（歩数）は、20～25mくらい（14～15歩）が良いでしょう。

留意点

自分の助走距離がまだ決まっていない場合や助走距離を変えたい場合、さらにはもっと助走スピードを上げたい場合は、まず、トラックでの助走練習を行い、その後ピットでの助走練習に移っていくようにします（図参照）。

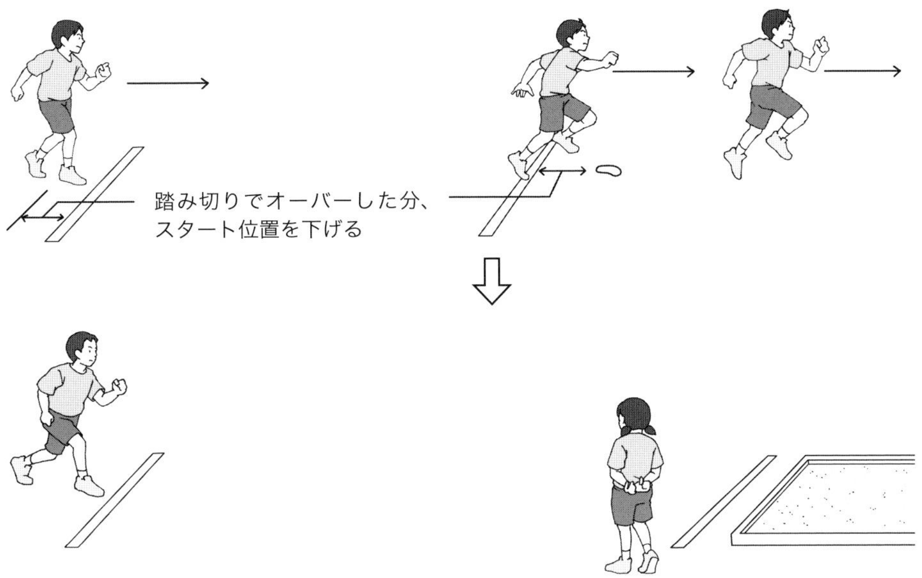

図 51 ●助走練習

6跳躍練習 ［写真 76］

ねらい

この練習は、「より良い助走から効果的な踏み切り・空中・着地」という一連の動作を身に付けることをねらいとして行います。

行い方

跳躍練習は、全助走と短助走の２つの方法で行います。短助走の助走距離・歩数は、ほぼ全助走の半分程度とします。

跳躍練習では、いきなり全助走跳躍をすると、スピードが速くてうまく踏み切れない場合がありますので、まずは短助走跳躍練習を数回行い、動きやスピードに慣れてから、全助走跳躍練習に移るのが良いでしょう。

また、踏み切りや空中フォーム、着地などの技術を身に付けたり、悪いところを改善する場合は、全助走よりもスピードも緩やかで体もコントロールしやすく、また回数も多く行える短助走での跳躍練習の方が効果的です。

留意点

跳躍（技術）は、短助走ではうまく行えても、全助走ではうまく行えない場合があります。よって、本当に正しい技術が身に付いたかどうかは、全助走跳躍練習や試合において確認することです。

以上述べてきたように、走り幅跳びの練習にはたくさんの方法があります。クラブ練習では、これらの練習方法を子ども達の技能に応じてうまく取り入れ、子ども達それぞれに、「スピードを生かしてより遠くへ跳べる」走り幅跳びの魅力を十分に味わわせてやりたいものです。

写真 76 ●跳躍練習

6 走り高跳び（はさみ跳び）

❶ゴム高跳び［写真 77］

ねらい

この練習は、はさみ跳びの基礎的技術を効果的に身に付けることをねらいとして行います。

行い方

この練習は、芝生や土の上で、４～５m の長さの帯ゴムをクロスバーの代わりに使用し、無理のない高さでのはさみ跳びを行うものです。その際、帯ゴムの両端はそれぞれ人が手で持ち、最初は「気を付け」の位置、次に「腰」の位置、最後は「わき腹」の位置へと、徐々に位置を高くしていきます。

ジャンパーは５～６歩軽く走っていって踏み切り、張られた帯ゴムを「はさみ跳び」で跳び越えて着地します。この練習は、１本の帯ゴムがあれば、10 人くらいの仲間達と教え合いながら楽しく行えますし、バーが落ちることはないので効率良く練習することができます。

帯ゴムを２本使用すると、はさみ跳びの高い抜き足（クリアランス）を覚えさせるのに役立ちますし、並行した２本のバーをクリアする面白さもあり、子ども達の挑戦意欲は一層高まります。

❷アクセント高跳び［図 52］

ねらい

この練習は、助走の途中で、一度ポーンと高く跳んでアクセントを入れることによって、タイミングの良い効果的な踏み切りを導き出すことをねらいとして行います。

行い方

図で示されているように、５歩助走の場合は、スタートして２歩目（踏み切りの３歩前）に踏み切り台を置き、これを利用してポーンと一度高く弾んだ後、「1・2・3（タ・タ・タン）」と低く素早く走り込んで踏み切ります。よって、この「アクセント高跳び」の５歩のリズムは、「タ・ターン・タ・タ・タン」となります。また、６歩助走の場合は「タ・ターン・タ・タ・タ・タン」となります。

この練習は、一度アクセント動作を入れることによって、高く跳ぶために必要な踏み切り準備動作がとりやすくなることをねらったものです。このアクセントを入れた助走リズムが身に付いたら、踏み切り台を外して行ってください。台を外した場合は、地面を強くけってポーンと弾むようにします。

この「アクセント高跳び」と普通の走り高跳び（はさみ跳び）とでは、どちらが高く跳べるかを比較してみるのも楽しい活動となります。

なお、「アクセント高跳び（台なし）」を試合で行う場合は、７歩助走（または８歩助走）とします。その時のリズムは、「タ・タ・タ・ターン・タ・タ・タン（タ・タ・タ・ターン・タ・タ・タ・タン）」のリズムとなります。

写真 77 ●ゴム高跳び

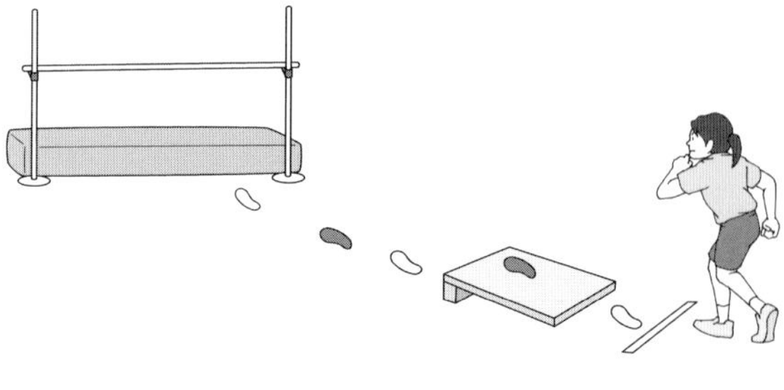

図 52 ●アクセント高跳び

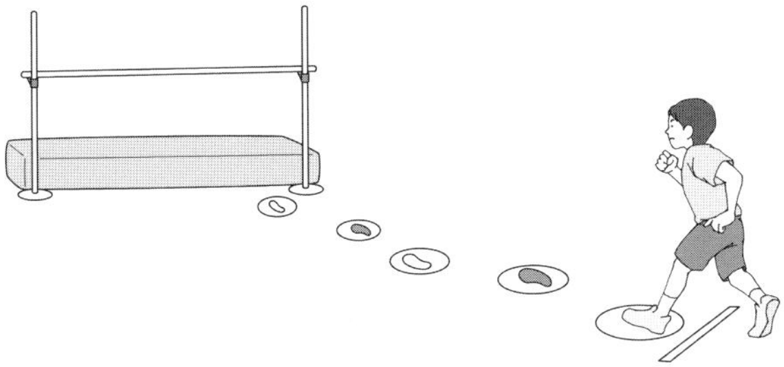

図 53 ●輪踏み高跳び

写真 78 ●助走・跳躍練習

❸輪踏み高跳び ［図 53］ ➡JAAF HP

ねらい

この練習は、リズミカルな助走からタイミングの良い踏み切り動作を導き出すことをねらいとして行います。

行い方

最初の練習は、5 歩のリズム（1・2・1・2・3）か 6 歩のリズム（1・2・1・2・3・4）で行います。そして、さらに 7 歩（または 8 歩）助走で行えるようにしていきます。この練習での走り方は、5 歩（または 6 歩）の場合、最初の 2 歩は比較的大きくゆっくり（ターン・ターン）と走り、最後の 3 歩（または 4 歩）は、「タ・タ・タン（またはタ・タ・タ・タン）」と素早く走るようにすると良いでしょう。輪（ケンステップなど）は、リズムがとりやすいように置きますが、最後の 1 歩は、その前のストライドよりも 1 足長長くします（図参照）。

留意点

重心が下がった効果的な踏み切り準備動作を作るために、踏み切り前の最後の 1 歩を、踏み切り前 2 歩の歩幅よりも 1 足長長くなるように輪を置きます。

❹助走・跳躍練習 ［写真 78］

ねらい

この練習は、走り高跳びにおいて重要なリズミカルな助走から、効果的な踏み切り、効率の良い空中フォーム、安全な着地といった一連の動作を身に付けることをねらいとして行います。

行い方

走り高跳びは、助走スピードを利用して高く跳び上がり、効率良くクロスバーをクリアすることを競う競技です。この練習では、効果的な踏み切りを導くために、助走を速く走るよりも、リズミカルに走るようにします。

なお、試合で用いる助走歩数は、7 歩または 8 歩が基準となります。練習でも、この歩数で行っておいてください。なお、助走のリズムのとり方については、先の❸輪踏み高跳びを参照してください。

留意点

現在の走り高跳びは背面跳びが主流であるため、はさみ跳びでもカーブ助走を用いる選手が多くいますが、本来は斜め直線助走（バーを基準にして 30 〜 45 度の左または右方向）を用いるのが正しい方法です。また、正面から真っ直ぐ走る正面跳び（はさみ跳びの一種）もあります。

以上述べてきたように、走り高跳びの練習にはたくさんの方法があります。クラブ練習では、これらの練習方法を子ども達の技能に応じてうまく取り入れ、子ども達それぞれに、「リズミカルな助走からより高く跳べる」という走り高跳びの魅力を、十分に味わわせてやりたいものです。

7 投運動

児童期の子どもの神経系の発達は著しいので、この時期に様々な投運動の経験を積んでおくことが大切です。よって、運動場や競技場、広場などを利用して、様々な投てき物を使った投げ方（オーバーハンドスロー、アンダーハンドスロー、サイドハンドスローなど）を練習したいものです。

以下、いくつかの楽しい投運動と、その練習方法について紹介しておきます。

図 54 ●段ボール当て競争

❶種々の投運動やゲームの方法 ［写真 79］

ねらい

様々なボール投げ運動を楽しませることで正しい投げ方を身に付けさせ、瞬発力や調整力などの基礎的体力の養成をねらいとして行います。

行い方

写真は、バスケットボールやメディシンボール（1～2kg）を用いた様々な投げ方を示したものです。これら様々な投げ方は面白く楽しいものですし、瞬発力や敏捷性を養う上においても効果的な運動です。また、サイドハンドスローからの「軽いタイヤ投げ」（図 55）や「フラフープ投げ」は、遠投をさせたり、個人やグループで得点競争をするのも楽しい活動となります。

さらには、オーバーハンドスローでの「的当てボ

写真 79 ●様々な投げ方

図 55 ●タイヤ投げ

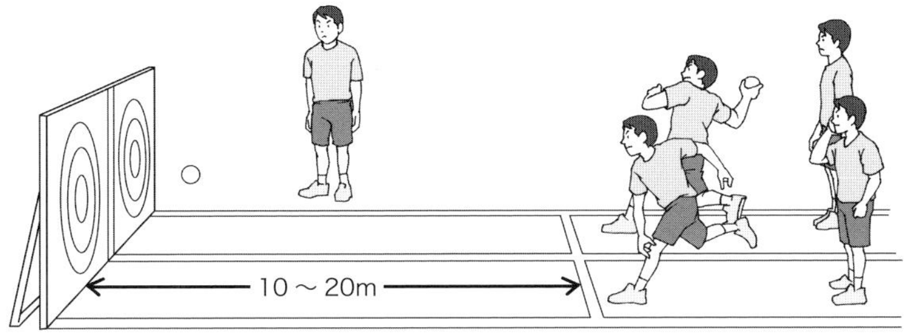

図 56 ●的当てボール投げ

ール投げ」(図 56) や「段ボール当て競争」(図 54)、「的当て（コーン倒し）競争」(P. 58、図 23) も楽しいゲームとなりますし、最近販売されているオーバーハンドスロー用の「ヴォーテックス・フットボール」の遠投は、子ども達に大変人気があります。

留意点

投運動は、なるべく広い場所で安全面を十分に考慮しながら行うことが、事故を防ぐ上でも大切です。

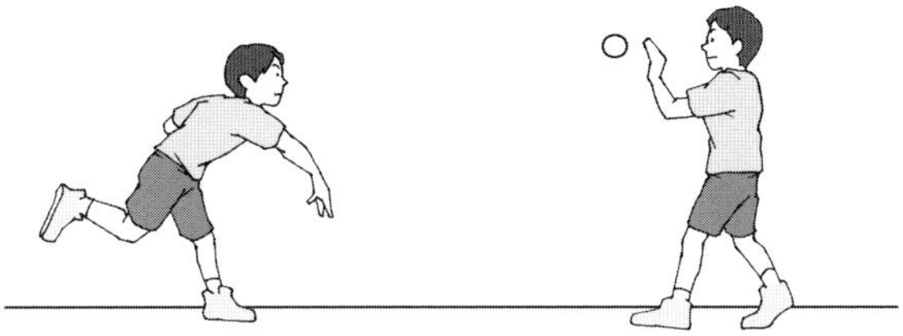
図 57 ● 2 人で向かい合ってのキャッチボール

❷正しいソフトボール投げの練習方法

ねらい

やさしい練習から徐々に複雑な練習へ段階的に進めることによって、正しいオーバーハンドスローを身に付けさせるとともに、より遠くへボールを投げることをねらいとして行います。

行い方

正しいソフトボールの投げ方をマスターし、より遠くへボールを投げるためには、以下のような段階的な練習を進めていきます。

Ⓐ 2 人で向かい合ってのキャッチボール［図 57］

少しずつ、2 人の間隔を広くしていくようにすれば、無理なく行うことができます。ボールの握り方、保持の仕方は写真 80・81 を参照してください。

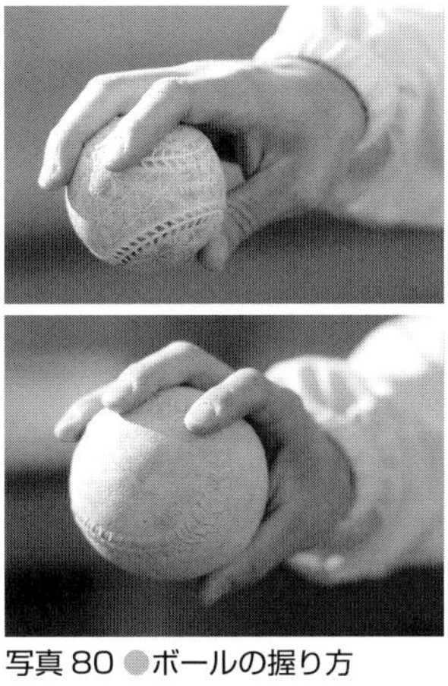
写真 80 ●ボールの握り方

写真 81 ●保持の仕方

写真 82 ●腕だけでの投げ

写真 83 ●反りと腕での投げ

写真 84 ●スタンディングスロー

写真 85 ● 3 歩のクロスステップからの投げ

Ⓑ腕だけでの投げ［写真 82］
Ⓒ反りと腕での投げ［写真 83］
Ⓓスタンディングスロー［写真 84］
Ⓔ上体をひねっての３歩のクロスステップからの投げ［写真 85］
Ⓕ５歩助走からの投げ（2 歩＋３歩のクロスステップ）

写真 86 ●上体のムチ動作

留意点

以上のⒶ～Ⓕの練習を進めていくと、練習段階ごとに記録は伸びていくはずです。しかし、どこかの練習段階で記録が伸びなくなった場合は、その練習の動きがスムーズに行えていないことが原因だと考えられます。その場合は、その段階の練習を繰り返して行ったり、もう一度その前段階の練習に戻ったりするようにすることです。ただし、一度の練習で、たくさん投げ過ぎることがないように気を付けなければなりません。

投てき時においては、肘のケガを防ぐためにも、肘の位置を高く保つことが大切です。また、遠投の際は、腕だけで力任せに投げるのではなく、上体のムチ動作（写真 86）や体重移動がうまく使える動作を心がけることが大切です。

第４章

走る・跳ぶ・投げる(運動)の合理的な技術

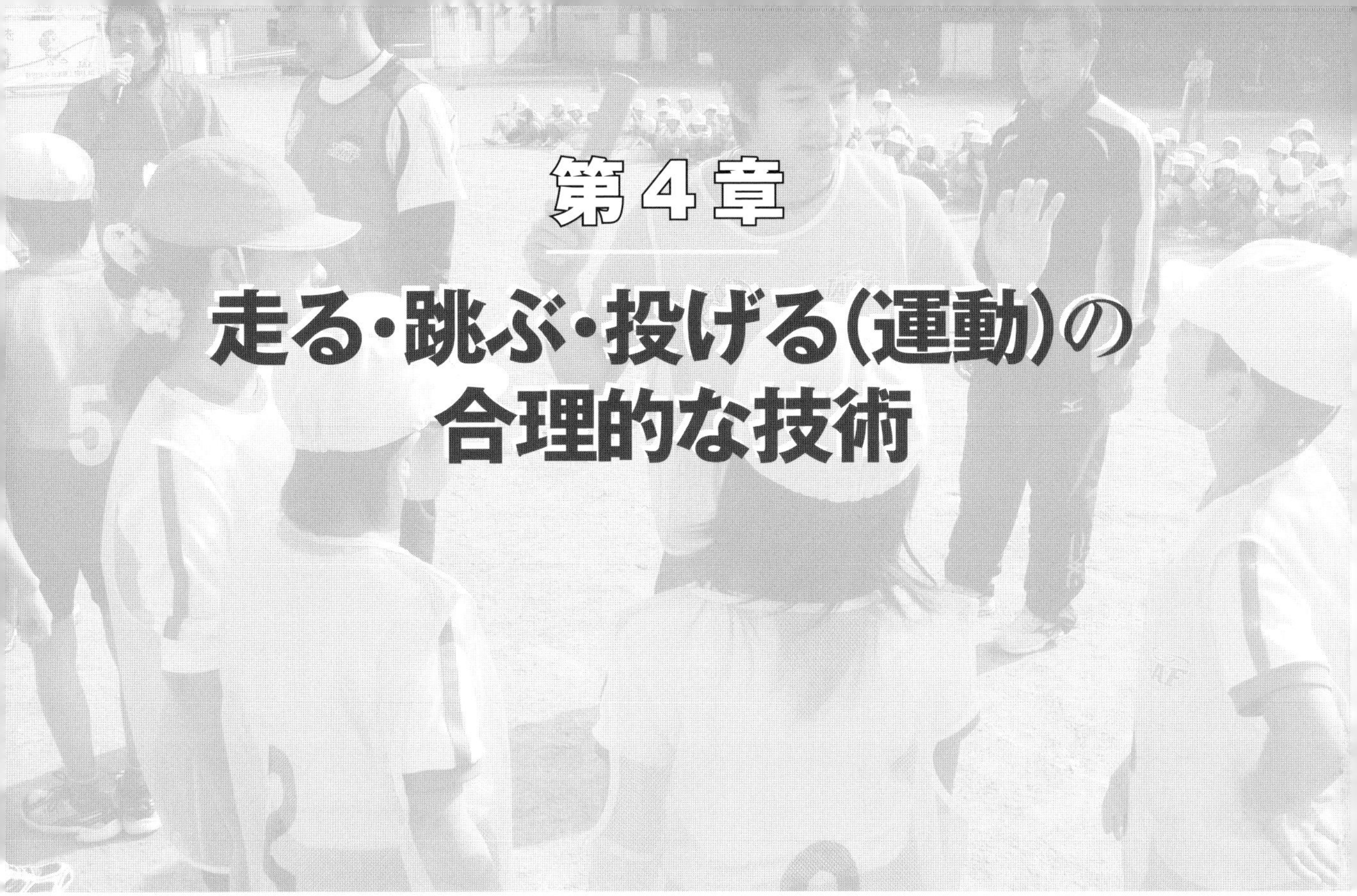

小学生の頃は、走・跳・投の正しい動きを身に付けるには最適な時期です。それは、リズム、バランス、タイミングといった運動を調整する能力が、小学生の頃に著しく発達するからです。ここで基礎的・基本的な動きを正しく身に付けることができれば、中学校、高校そして大人になった時に、記録はグングン伸びていきます。

逆に、この時期に悪い動きを身に付けてしまうと、後で修正しようとした時に多くの時間を費やすことになります。そればかりか、その悪い動きが原因で伸び悩んだり、体に余計な負担をかけ、ケガをしてしまうこともあります。

このように正しい動きを身に付けることは重要ですが、正しい動きを身に付けさせたいばかりに、子どもを型にはめすぎることも良くありません。見た目には変則的に思えるフォームであっても、重要なポイントを押さえていたり、その子にとっては合理的な技術であることもあります。

子ども達の個性を尊重しながら、のびのびと練習をさせてやることが子ども達を陸上好きにし、大きく伸ばす秘訣です。また、陸上競技漬けにすることなく、球技や水泳、器械運動など様々な運動に親しませ、色々な動きを習得させることも陸上競技にプラスになります。

この章では動きの手本を連続写真で示し、それに大切な技術ポイントを記しています。それぞれのコマだけ、ひとつのポイントだけにとらわれずに、その前後のコマや動き全体を見て、その動きの流れを大切にしましょう。

時には子ども達の動きをビデオにおさめ、ここに示されたモデルの動きと比べて、自分の課題を見つけさせることもよいでしょう。この時期に陸上競技を通して考える能力を高めておくことは、競技の場のみならず、色々なところで役に立つことでしょう。

1 短距離走

短距離走種目には、100m、200m、400m があります。小学生であれば、100m を走る中で、自分の発揮できる最高のスピードを体験し、それを少しでも長く維持できるようにすることが目標となります。

100m はいくつかの局面に分けることができます。それぞれの局面で重要な技術的ポイントがあるので、それらに留意して走るようにしましょう。

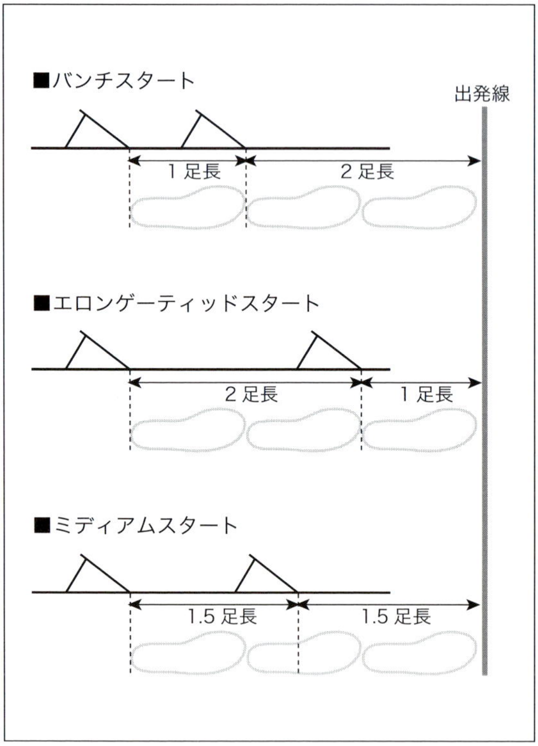
■バンチスタート
出発線
1 足長
2 足長
■エロンゲーティッドスタート
2 足長
1 足長
■ミディアムスタート
1.5 足長
1.5 足長

❶クラウチングスタートの構え

スタートの方法は、スタート時の両足の位置によって３つに分類されます。小学生であれば、まずエロンゲーティッドから始め、慣れてきたらミディアムやバンチに変えていくのが良いでしょう。

①バンチスタート　スターティング・ブロックから離れるまでの時間は短いものの、腕や脚への負担が大きくなります。

②エロンゲーティッドスタート　強い力でスターティング・ブロックをけることができます。腕への負担が小さいので、小学生には適しています。

③ミディアムスタート　バンチとエロンゲーティッドの中間的なスタート法です。

❷よく見られるつまずき - I

〈スタートダッシュですぐ体が起きてしまう〉

体がすぐに起きてしまうとスムーズな加速が得られません。スタート後は徐々に体を起こしていきながら、ストライドも徐々に伸ばしていきましょう。

▶スタートから加速走の走りのポイント

背すじを伸ばしてリラックスして構える。
「用意」でお尻を真上に上げる。
後方の脚を力強く前に引き出す。
両腕を力強く振る。
NISHI
両手、前足に均等に体重をかける。
ブロックを力強くける。
地面を後方に力強く押す。
前傾を保つ。

❸スピード曲線と局面分け

100m は大きく、スタート局面、加速疾走局面、中間疾走局面に分けることができます。

スタートから加速して最高スピードに達し、中間疾走に移っていきます。最高スピードに達するまで一流スプリンターで 60m くらい、小学生では 20 ～ 30m くらいであると言われています。中間疾走では、無理な力を入れずに、高いスピードをどれだけ保つことができるかがポイントになります。一流スプリンターでもフィニッシュ前の 10 ～ 20m は必ずスピードが落ちます。

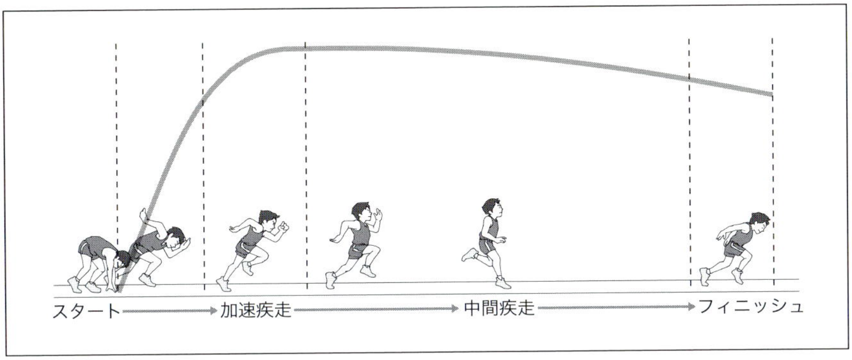
スタート→加速疾走→中間疾走→フィニッシュ

短距離走のルール①

2013 年から日本陸上競技連盟が主催・共催する大会では、「1 回不正スタートをすると失格」というルールが適用されています。ただし、全国小学生陸上競技交流大会では「2 回不正スタートをすると失格」というルールが適用されています。

徐々に上体を起こしていく。
膝を前上方に引き上げるように走る。

▶中間疾走の走りのポイント

肩の力を抜き、腕を
リラックスして振る。
体の真下近くに接地する。
キックした脚を
素早く前方に運ぶ。

❹速く走るためのポイント

①自分に合ったストライドで走ろう

ストライドが極端に大きすぎると、1 歩 1 歩ブレーキがかかり、速く走ることはできません。逆に小さすぎても、その場もも上げのような走りになり、効率が悪くなります。自分に合ったストライドを見つけましょう。

②フィニッシュラインまで全力でかけ抜けよう

フィニッシュライン手前で気を抜ぬくと、一気にスピードが落ちてしまいます。フィニッシュラインよりも 5m 先くらいまで走るつもりで、フィニッシュラインをかけ抜けましょう。

③腕をリラックスして振ろう

腕振りがリラックスしていてリズミカルだと脚の動きも良くなります。手を強く握ると肩にも力が入ってしまうので、軽く握るか、パーにして振るようにしましょう。

体をコーナー
の内側に倒す。
内側のライン
に近いところ
を走る。

④腕の振り方を工夫しよう

腕を振る時に、前から後ろに振る時にアクセントをおきますか、それとも後ろから前に振る時ですか？　真っ直ぐに振りますか、少し横の方向に振りますか？

腕振りを変えると、脚の動きも変わってきます。色々な腕振りを試して、自分に合ったものを見つけましょう。

❺コーナー走の走り

体をコーナーの内側に傾けるように走ります。ラインを踏まないように、しかもラインの近くを走るようにしましょう。

❻よく見られるつまずき -II

①ジグザグに走ってしまう

目を閉じたり、上を見たりしないで、前を見て走るようにします。真っ直ぐに引かれたラインの上を走ってみましょう。

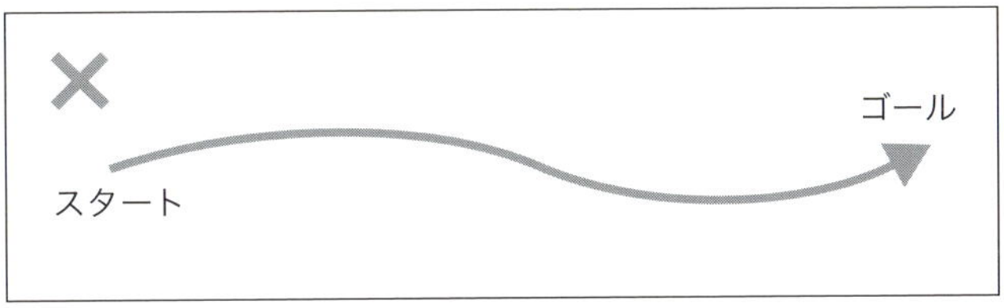

②脚が前に出なくなり前に倒れそうになる

上体を真っ直ぐに立てて、少し膝を上げるような意識を持ちましょう。

短距離走のルール②

・割り当てられた自分のレーンを走らなければなりません。
・フィニッシュラインの真上をトルソーが通過した時にフィニッシュとなります。
・レース中の風が 2.0m/ 秒を超える追い風だと記録は公認されません。

●短距離走のチェックシート

チェック項目	評　価
スタートから徐々に上体を起こしながらスピードを上げることができた。	
リラックスして腕を振ることができた。	
中間疾走では上体を真っ直ぐに立てて走ることができた。	
強く地面をキックして走ることができた。	

◎：良くできた　○：できた　△：もう少し

2 リレー

リレーは、チーム4名の走力だけでなく、バトンパスの技術が重要になってきます。そのため、バトンパスの技術を高めることで、走力では劣るチームでも活躍することができます。

チームの仲間と協力しながら競技や練習をすることが楽しい種目です。

❶ダッシュマークの決め方

何足長分か覚えておいて、テープ等で目印をつける。

バトンを受ける側は、渡す側（前走者）が近づいてきたらスタートをきり、思い切りダッシュをします。タイミング良くスタートをきることが、バトンパスの成功につながります。

受ける側はレーン上にテープ等で目印をつけ、その上を前走者が通過した時にスタートをきります。テープの位置は、受ける側のダッシュの速さと前走者のスピードによって決まってきます。受け手のスピードが十分に高くなってからバトンが渡るようにマークの位置を決めるようにします。

目印の位置は、自分の足で何足長分（例えば25足長）と覚えておきます。

❷スタートの構え

2走、4走は右足を前に構える。　3走は左足を前に構える。

スタンディング姿勢で低く構え、近づいてくる前走者とダッシュマークを見ます。2走と4走は、レーンの外側で右足を前に構え、3走はレーンの内側で左足を前に構えます。

❸テークオーバーゾーンとは？

バトンパスは、テークオーバーゾーンという20m間隔の2本のラインの間で行わなければなりません。テークオーバーゾーン内で、受ける側がスピードを高めた状態でバトンをもらえるように、テークオーバーゾーンの10m手前にブルーラインが引かれており、このラインとテークオーバーゾーンの間の任意の位置からスタートすることができます。

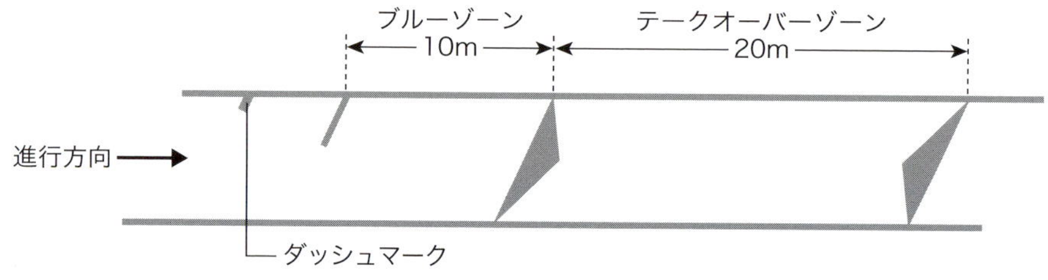

❹走順の決め方の例――4×100m リレー

1走：スタートを得意としている者。
2走：最高スピードが高く、バトンの技術が優れている者。
3走：コーナーの走りが上手で、バトンの技術が優れている者。
4走：後半のスピードが高く、競り合いに強い者。

❺各走者の走るコースとバトンパス――4×100m リレー

〈バトンを持ち替えない方法〉

1走は右手でバトンを持ち、クラウチングスタートで走り出し、曲線レーンの内側を走ります。2走、4走はレーンの外側に立ち、左手でバトンをもらい、そのままレーンの外側を走ります。3走は、レーンの内側に立ち、右手でバトンを持ち、レーンの内側を走ります。

このようにレーンを使うことで、走る距離を短くすることができます。

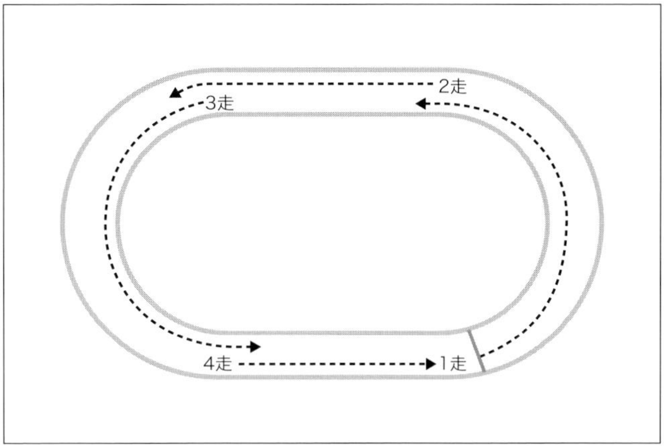

❻バトンパス

①オーバーハンドパス

受ける側は手のひらを斜め上に向けて構え、渡す側は上からその手のひらにバトンを押し付けるように渡す方法です。

②アンダーハンドパス

受ける側は手のひらを下に向けて構え、渡す側は下から上にバトンを振り上げて渡す方法です。

国際大会で活躍する男子リレー

日本の男子4×100m リレーは、オリンピックでは2000年のシドニー大会から4大会連続で入賞しています。また、世界選手権においてもエドモントン大会からモスクワ大会までの7大会で6回入賞を果たしました。この素晴らしい成績から、男子4×100m リレーは、男女マラソンと並び、日本のお家芸と称されています。

では、なぜ日本のリレーは強いのでしょうか。それは、チームワークが良く、バトンパスの技術が世界のトップクラスだからです。走力で上回る国を相手に、この巧みなバトンパスで勝負を挑んできました。この陰には、たゆまない努力があったことは言うまでもありません。

▶バトンパス①――オーバーハンドパス

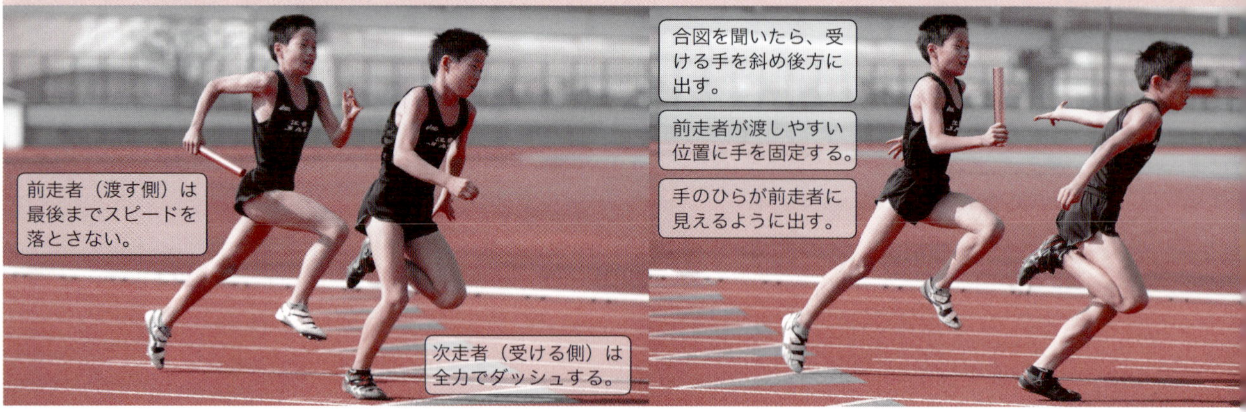
前走者（渡す側）は
最後までスピードを
落とさない。
次走者（受ける側）は
全力でダッシュする。
合図を聞いたら、受
ける手を斜め後方に
出す。
前走者が渡しやすい
位置に手を固定する。
手のひらが前走者に
見えるように出す。

▶バトンパス②――アンダーハンドパス

下から上へバトン
を振り上げる。
次走者は、手のひら
を下に向けて腰の少
し後方に構える。

7よく見られるつまずき

①バトンを受ける走者が早く出てしまう

特に３走は第４コーナーで横並びになるので、バトンを受ける４走は気負ったり、焦ったりして、早いタイミングでダッシュを始めてしまうことが多いようです。自分のレーンのマークと、前走者を良く見て走り出すようにしましょう。

②バトンを受ける走者がダッシュで躊躇する

バトンを受ける走者は、前走者がマークを通過したら、練習のように勢い良くダッシュをしましょう。少しでも躊躇するとスピードが上がらないうちに追いつかれてしまい、スピードに乗ったバトンパスができなくなります。

③バトンを受ける走者の出した手が揺れる

出した手が揺れていると、バトンを渡しにくくなります。また、手の位置が高すぎたり低すぎたりしても渡しにくく、ミスの原因になります。練習で渡しやすい位置を確認したり、手の位置が安定するように意識しましょう。

次走者の手のひらに押し込むようにバトンを渡す。
バトンをしっかりと握る。

バトンを握っている手付近を次走者が握るように渡す。
バトンをしっかりと握る。
下から手のひらに押し上げるように渡す。

リレーのルール②

- 1走は、クラウチングスタート時にバトンをスタートラインやその前方に着けることができます。
- 走者はバトンを持って運ばなければいけません。
- バトンを落とした場合には、落とした者が拾って競技を続行することができます。この時、他の走者を妨害しなければ、自分のレーンから離れて拾っても良いことになっています。

8バトンパスの評価の仕方

①４名の 100m タイムの合計－４× 100m リレーのタイム

この数字が大きくなるほどバトンパスが上手だと言えます。

〈例〉（13.5 ＋ 12.9 ＋ 13.3 ＋ 12.7）−51.2 ＝ 1.2 秒

②テークオーバーゾーンの通過タイム

バトンを受ける側がテークオーバーゾーンを通過するタイムを計ります。バトンパスをせずに１人で走り、その通過タイムと比べます。

●リレーのチェックシート

チェック項目	評　価
前走者に合わせてタイミング良くダッシュができた。	
バトンを渡す時にタイミング良く合図ができた。	
前走者が渡しやすい位置に手を構えることができた。	
スピードを落とさずにバトンを渡すことができた。	

◎：良くできた　○：できた　△：もう少し

3 長距離走

自分の能力に応じたペースで、一定の距離を走り抜くことが大切です。疲れにくいリラックスしたフォームや呼吸法を身に付けることが課題になります。

❶スタンディングスタート

800m 以上の距離のレースではスタンディングスタートを用います。

短距離走のように「用意」という合図はなく、「位置について」の合図の後、構えて号砲となります。

体を前に傾けて、体重を前の足にかけて構える。
スタートの合図で、上体の前傾を保ったままとび出す。
前の足をラインの手前に置く。

スタンディングスタート

❷速く走るポイント

〈ペースを工夫しよう〉

前半が速すぎたり、途中で何回もスピードを上げ下げしたりすると、疲れが余計に増して失速してしまいます。あらかじめ設定したペースを守って走れると、最後まで走り切ることができ、タイムも良くなります。自分に合ったペースを見つけ、タイムを短縮することは長距離走の面白さのひとつです。

▶長距離走のランニングフォーム

腕をリズミカルに楽に振る。
腰を高く保つ。
とび跳ねないようにする。

心拍数を利用しよう

長距離走のような長く続ける運動では、運動強度と心拍数はほぼ比例関係にあります。そのため、ランニング中やその後の心拍数を測ることでトレーニングの強度を知ることができます。また、強い運動をした後に、どの程度回復しているかも心拍数をめやすに把握することができます。

心拍数は、一般的には手首で測ります。15 秒間の心拍数を測り、4 倍にして 1 分間あたりに換算すると良いでしょう。

3クロスカントリーのすすめ

発育・発達途中の子ども達にとっては、固い道路でのランニングは、骨などにケガを負う原因になります。芝生や土などの柔らかいサーフェスを選んで、大きな動きで走るようにしましょう。上り坂、下り坂などの色々な地形を、様々なペースで走ってみましょう。

中・長距離走のルール

- 走行中に相手を手で押したり肘で突いたりして、他の走者を妨害することは反則です。
- 故意にトラックの内側に入り、走る距離を短くした場合は反則です。

●長距離離走のチェックシート

チェック項目	評　価
自分に合ったペースで走ることができた。	
リラックして腕を振ることができた。	
ちょうど良い歩幅で走ることができた。	

◎：良くできた　○：できた　△：もう少し

下を見ずに前方を
見るようにする。
膝を上げる
意識を持つ。

4 ハードル走

走りの中で大きなブレーキをかけることなく、ハードルを連続してリズミカルに跳ぶことが大切になります。ハードルを跳ぶ技術（ハードリング）、ハードル間を走る技術（インターバルランニング）を高めましょう。

❶ハードル走のスタート

短距離走のスタートと大きな違いはありませんが、１台目のハードルまでに踏み切る姿勢をつくることが求められます。スタート後いきなり体を起こすのではなく、加速しながら徐々に起こすようにします。

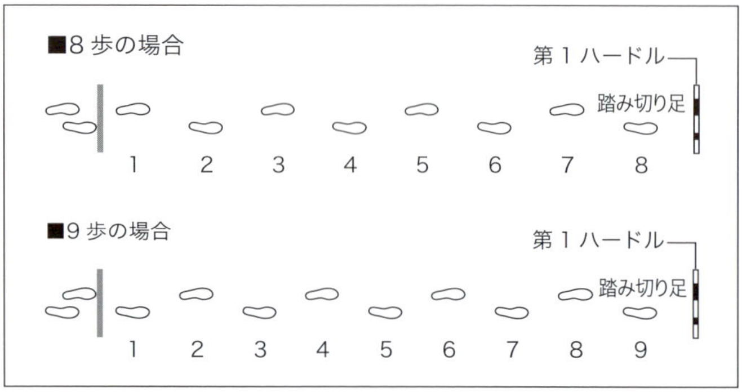

❷スタートでの足の置き方と１台目までの足の運び（右足踏み切りの場合）

①１台目まで８歩（偶数歩）の場合

スタートでは踏み切り足を前にして構えます。

②１台目まで９歩（奇数歩）の場合

スタートでは踏み切り足を後ろにして構えます。

❸よく見られるつまずき

①バランスを崩してしまう

ハードル走では、ハードリング中やハードルを跳んだ後の着地でバランスを崩してまうことがあります。バランスを崩すと、インターバルでのスピードが低下したり、リズムが悪くなったりします。

練習で、バランスを崩しても途中で止まることなく、最後まで走るようにしていると、バランスを崩した時の対処の仕方が自然に身に付きます。

▶ハードリングとインターバルランニング

▶ハードルのスタート

急に上体を起こさない。
適切な位置で踏み切れるようにストライドを考えて走る。
膝でリードするように走る。
腕を力強く振る。

②高く跳び上がってしまう

ハードルを跳ぶ時の踏み切り位置が近すぎたり、踏み切りで腰が落ちたりすると、ハードルを越える時に高く跳び上がってしまいます。練習では、遠くから踏み切ること、腰を高く保つことを意識しましょう。

③途中でインターバルの歩数が変わってしまう

ハードリングで大きなブレーキをかけたり、バランスを崩してしまったりして、次のインターバルの歩数が増えてしまうことがあります。このような時に、反対の脚でも踏み切れるようにしておくと便利です。３歩から５歩に変わるより、３歩から４歩に変わる方がスピードの低下を小さく抑えることができます。歩数が変わった時には焦らずに、ピッチを高めるように切り替えましょう。

抜き脚を素早く振りおろす。
中の１歩が大きくなりすぎないようにリズミカルに走る。
振り上げ脚の膝と両肩からハードルに勢いよく向かう。
接地した足にすかさず体重を乗せる。
ブレーキがかからないように体の近くに接地する。

❹コーナーに並べられたハードルを跳ぶ

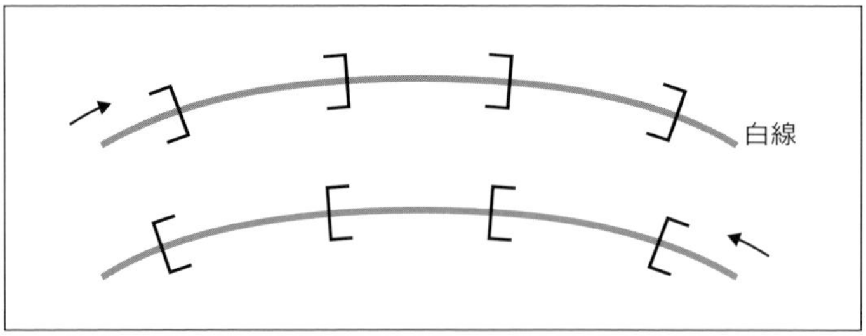
白線

体には円の外に放り出そうとする力（遠心力）がかかります。これにつりあうように体を円の内側に向けて走らなければならないため、ハードルを跳ぶ際に工夫が必要になります。

❺技術のポイント

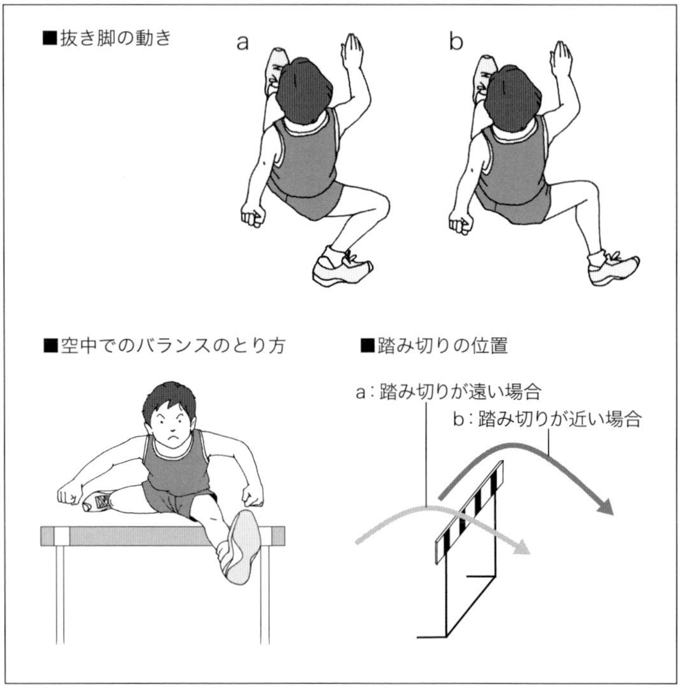
■抜き脚の動き
a
b
■空中でのバランスのとり方
■踏み切りの位置
a：踏み切りが遠い場合
b：踏み切りが近い場合

①抜き脚の動き

aのように膝を折りたたんで前に出すと、バランスがとりやすくなります。

②空中でのバランスのとり方

右腕を大きく横に振ると、抜き脚（右脚）とのバランスがとりやすくなり、安定します。

③遠くから踏み切るメリット

bのように踏み切りが近くなると、高く跳び上がらなければならなくなり、大きなブレーキをかけることになります。また、振り上げ脚を真っ直ぐに上げることができなくなります。

❻タッチダウンタイムを計る

スタートの合図から１台目の着地まで、さらに２台目、３台目までというようにタイムをとり、下の表のように所要時間を調べてみましょう。自分の長所や短所を知ることができます。グラフにするともっと分かりやすくなります。

	1台目	2台目	3台目	4台目	5台目
タッチダウンタイム	3.2	4.6	6.1	7.6	9.2
所　要　タ　イ　ム	3.2	1.4	1.5	1.5	1.6

（単位：秒）

❼ハードリングの評価

トップの競技者は、ハードルを1台跳ぶのに 0.15 ～ 0.20 秒を要します。10 台ハードルが並んでいる 100m ハードルなどでは、100m のタイムに 1.5 ～ 2.0 秒を加えたタイムが目標のタイムとなります。

この考え方を利用して、ハードリングの評価を行ってみましょう。

〈例〉

50m ハードル（ハードル 5 台）タイム：8.5 秒、50m 走タイム：7.5 秒

→ 1 回のハードリングに要したタイム

(8.5 秒－ 7.5 秒）÷ 5 台＝ 0.2 秒 / 台

成迫健児選手（ミズノ）のハードリング

この評価は、練習によるハードリング技術の向上を把握する時や、技術を仲間と比べる時などに利用できます。

❽ハードル走の種類

ハードル種目は、直線に並べられたハードルを跳び越えて競走をする 100m ハードルと 110m ハードル、直線と曲線に並べられたハードルを越えて競走をする 400m ハードルに分けられます。400m ハードルでは、左右どちらの脚でもハードルを跳べると有利です。

ハードル走のルール

- 足または脚がハードルの外側にはみ出て、バーの高さより低い位置を通った時は失格になります。
- 自分のレーン以外のハードルを跳んだ時は、失格になります。
- ハードルを故意に倒すと失格になります。

●ハードル走のチェックシート

チェック項目	評　価
1 台目まで勢いよく走ることができた。	
遠くから踏み切ることができた。	
抜き脚をねかせてハードルを越えることができた。	
インターバルランニングで腰を高く保つことができた。	
インターバルをリズミカルに走ることができた。	

◎：良くできた　○：できた　△：もう少し

5 走り幅跳び

助走で得たスピードを踏み切りで斜め上方向のスピードに効率良く変えて、勢い良く空中に跳び出すことが大切です。

自分に合った空中フォームを身に付けて、効率の良い着地動作につなげていくことも記録アップにつながります。

❶助走距離の決め方

小学生が、競技者のような長い助走を用いると、途中でスピードダウンしてしまいます。また、高いスピードで踏み切りに移ることができたとしても、しっかりとキックをすることができないことがあります。

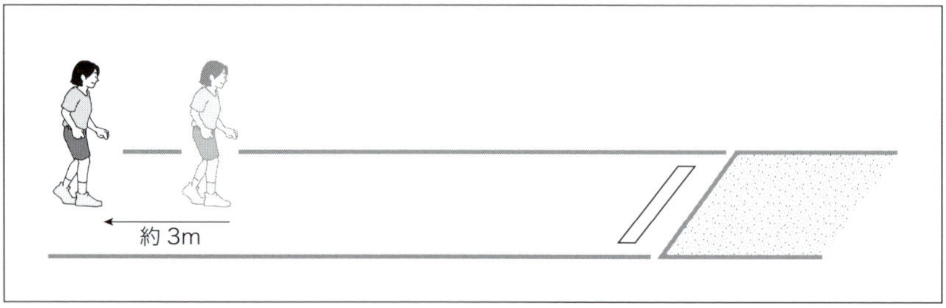
約 3m

自分が気持ち良く踏み切ることのできる助走スピードを見つけましょう。15m くらいから始め、約 3m ずつ助走を伸ばしていき、いちばん跳びやすい距離を見つけると良いでしょう。

❷助走のマークの置き方

ルールではマークを２個まで置くことが許されています。１つは助走のスタート地点、もう１つは助走の開始後４歩目か５歩目のあたりに置くと良いでしょう。それは、踏み切りで足が合わない原因は、助走の最初の部分にあることが多いからです。

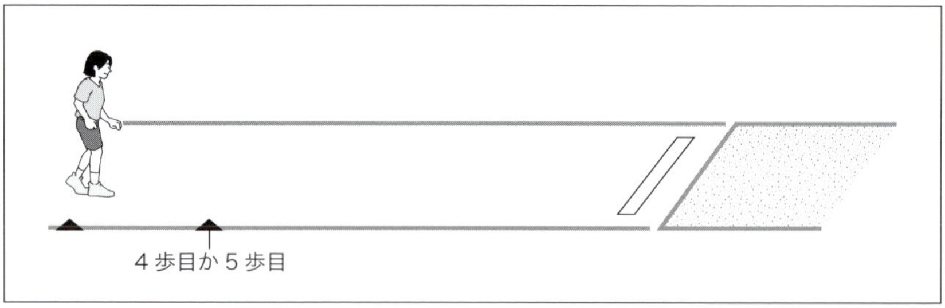
４歩目か５歩目

▶助走―踏み切り準備―踏み切り

リズムを
重視する。
腕をリラックス
して振る。
踏み切り前の２歩は“長く”“短く”

3 簡単な足の合わせ方

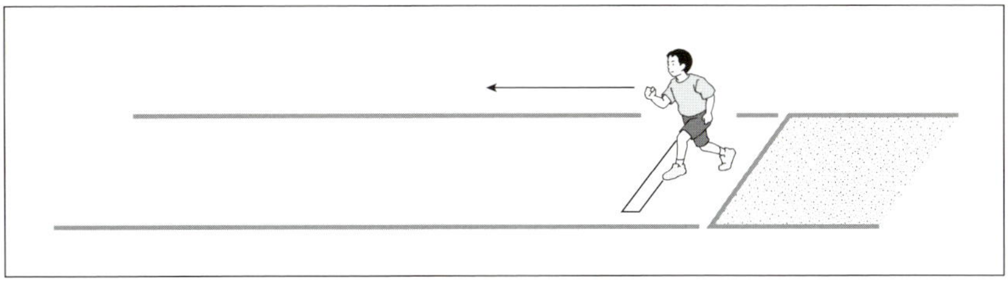

足が合わない場合は、踏み切り板に足を置き、砂場とは反対方向に助走のイメージで走ります。用いようとしている歩数や距離をめやすとして、そこで足が着いた地点を助走の仮の開始地点とします。次に、その地点から踏み切り板に向かって助走をして、助走距離を再調整します。

4 よく見られるつまずき - I

①踏み切り前の２～３歩のリズムが悪い

踏み切り前で極端に大きなストライドになってしまうと、助走スピードが低下したり、踏み切りで腰砕けになったりしがちです。逆に極端にストライドの狭い“ちょこちょこ走り”になっても、スピードは低下してしまいます。最後の２～３歩のところにヒモで作った輪を置いたり、助走路の横に目印を置いたりして、踏み切り前のリズムを体験し、自分に合ったリズムを見つけましょう。

②踏み切り線に足が合わない

助走のスタート位置にマークを置いていない人は、置くようにしましょう。マークを置いても足が合わない人は、走り始めの４～５歩をいつも同じリズムで走るように心がけましょう。４歩目か５歩目にマークを置いて、それに足を合わせるように助走をすると、足が合いやすくなります。

③踏み切り板を注視してしまう

踏み切り前から踏み切りにかけて踏み切り地点を注視すると、自然に体が前傾してしまいます。そうすると、高く跳び出すことができなくなります。このような時には、砂場の後方にある校舎や山を見ながら踏み切るようにしましょう。そうすると上体が自然に起きて、高く跳び出しやすくなります。

のストライドパターンになる。
踏み切りと反対側の脚と両腕の力強い引き上げを意識する。
上体を起こしておく。
腰を落とす。
足裏全体で力強く踏み切る。
膝から下を素早く振り出して踏み切りに移る。

▶踏み切り―空中動作―着地（かがみ跳び）　➡JAAF HP

踏み切り脚を前に振り出す。
上体を起こしておく。
両脚を揃えて前に出す。

❺追い風と向かい風

走り幅跳びでは2m/秒を超える追い風を受けると、公認記録にはなりません。これは、追い風の時には助走のスピードが増すからです。一方、向かい風では、歩幅が伸びずに助走のスピードが低下して不利になります。

1回の試技の持ち時間は1分間ですから、その間で追い風になるのを待ちます。やむをえず向かい風でスタートをきる時は、いつもと同じようにリラックスした動きを心がけます。

❻順位の決め方

最初の3回の記録の上位8名に3回の試技が与えられます。6回の試技で最も記録の良い人が1位となり、2位、3位……と記録の良い順に順位が決まります。最高記録が同じ場合には、2番目の記録（2番目の記録も同じ場合は3番目、……）で決まります。

選　手	1回目	2回目	3回目	4回目	5回目	6回目	最高記録	順　位
A	4.88	×	5.12	5.44	—	4.78	5.44	2
B	×	—	5.02	5.11	×	4.67	5.11	3
C	5.44	5.32	×	×	4.99	5.13	5.44	1
D	3.92	4.81	5.03	—	4.56	4.60	5.03	4

—：パス　×：ファウル（無効試技）　　（単位：m）

❼よく見られるつまずき -Ⅱ

①しっかりと踏み切ることができずに低空飛行になる

原因の多くは、助走のスピードが高すぎることにあります。短めの助走から余裕のあるスピードで踏み切りに移るようにしましょう。特に、脚力の弱い人

▶踏み切り―空中動作―着地（そり跳び）

体よりも両脚を前方
に着地させる。
体を大きく反らせる。
腕を後ろから前上方に回す。
上体を前に倒しながら両脚を前に出す。

や体重が重い人は、短めの助走が適しています。

②着地で脚を前に投げ出せない

着地で脚が前に投げ出せない主な原因は、空中で上体が前傾してしまうことです。これを解決するためには、適切な空中フォームを身に付け、空中での前回り回転を小さくして上体を起こすようにします。小学生であれば、最も初歩的なかがみ跳びを正確に身に付けるといいでしょう。

走り幅跳びのルール

次の場合はファウルになります。

・踏み切り線から足が出た場合(a)。
・踏み切り板の外側で踏み切った場合(b)。
・着地位置よりも前から砂場を出ずに、踏み切り線の方向へ戻って出た場合。
・宙返りのようなフォームで跳んだ場合。

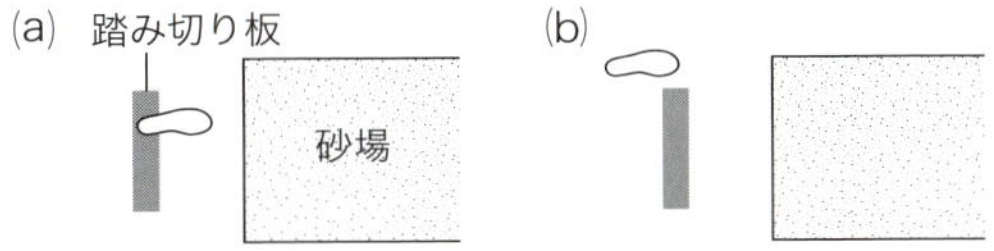
(a)
踏み切り板
砂場
(b)

8 空中動作の役割

踏み切りでは、頭から砂場に突っ込むような前回りの回転が生じます。これを打ち消すために空中動作を用います。小学生では助走スピードが高くなく、前回りの回転力も大きくないため、かがみ跳びかそり跳びで十分です。

●走り幅跳びのチェックシート

チェック項目	評　価
助走ではリラックスして走ることができた。	
踏み切り前にリズムアップすることができた。	
強く踏み切ることができた。	
上手に空中動作ができた。	
脚を前に投げ出して着地することができた。	

◎：良くできた　○：できた　△：もう少し

6 走り高跳び

リズミカルな助走から踏み切りに移り、助走スピードを上昇スピードに効率良く変えて、バーを越えます。空中動作を上手に行えば、体が上昇した高さは同じでも、より高いバーを越えることができます。

❶助走の足跡

〈応用編〉

緩やかな弧を描くように助走すると弱い遠心力が働き、体を弧の内側に倒すため、踏み切りで上昇しやすくなります。

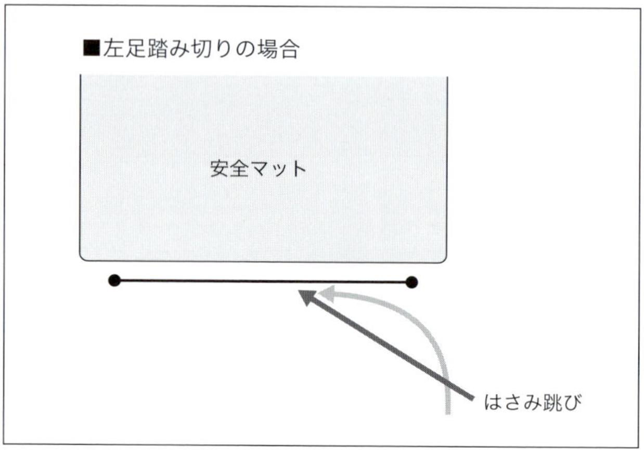
■左足踏み切りの場合
安全マット
はさみ跳び

❷踏み切りの位置

踏み切る位置も大切になります。バーの真上に頂点がくる位置で踏み切るようにしましょう。

▶助走―踏み切り―空中動作（はさみ跳び）

肩の力を抜く。
踏み切りに向けてリズムアップしていく。
体を起こして踏み切りに移る。
スピードよりもリズムを意識して助走をする。

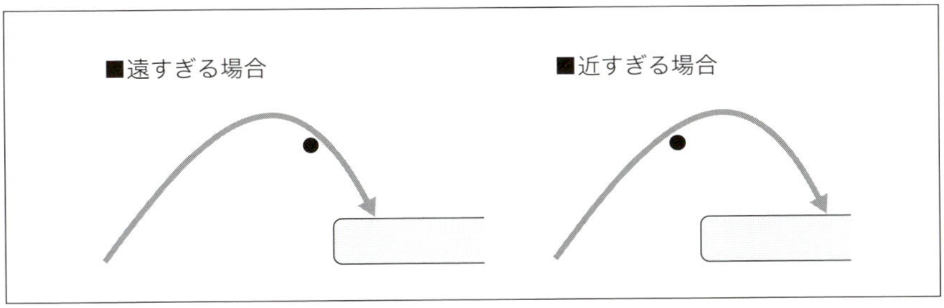
■遠すぎる場合
■近すぎる場合

❸よく見られるつまずき

①高く跳び上がることができない

走り高跳びでは、助走が速すぎると上方に跳び出すことができずに、マット側に流れた低い跳躍になります。気持ちよく踏み切れるスピードになるような歩数を用いて、リズムを重視した助走をしてみましょう。

❶助走の足跡に示した、バーに対する助走の角度も踏み切りやすさ、バーのクリアのしやすさに影響します。45 度を基準にして、自分に合った角度を見つけてください。

②跳躍の頂点とバーの位置が合わない

走り高跳びでは、いくら高く跳び上がっても跳躍の頂点がバーの位置と合っていないとバーをクリアすることはできません。頂点が合わない場合には、まず踏み切り位置を合わせるようにしましょう。

踏み切り位置を安定させるためには、助走の歩数、スタートの位置を決め、いつも同じ足跡をたどるように助走することが大切です。慣れないうちは、地面にラインを引いたり、マークを置いて、それに合わせて助走をすると良いでしょう。

上体を起こしておく。
振り上げ脚と腕の力強い引き上げを利用して力強く踏み切る。
振り上げ脚の膝を伸ばしながら高く引き上げる。
両脚を大きくはさむようにしてバーを越える。
抜き脚の膝を胸に引きつけるようにする。

走り高跳びの歴史

背面跳びが世界の舞台に登場し、世界中をあっと言わせたのは、1968年のメキシコオリンピックでした。D. フォスベリー（アメリカ）が背中でバーを越えるというユニークな跳躍法で2m24を跳んで優勝をさらい、この跳躍法の有効性を強くアピールしました。

この背面跳びは偶然が生み出した産物です。フォスベリーは、ベリーロールの練習を繰り返していたのですが、どうしてもマスターすることができませんでした。そこで、初歩的な技術である“はさみ跳び”を練習しているうちに、背面跳びを発明したのです。ベリーロールをマスターできなかった劣等生が一躍、世界の頂点に立ったのです。

バーから遠い方の足で踏み切って背中でバーを越えるこの跳躍法は、助走スピードを効率よく利用することができます。現在では、ほとんどの競技者が背面跳びで跳んでいます。現在の男子の世界記録であるJ. ソトマヨル（キューバ）の2m44、女子の世界記録であるS. コスタディノワ（ブルガリア）の2m09ともに背面跳びでマークされたものです。

小学生のうちにはさみ跳びが上達していれば、中学生や高校生になって背面跳びを始めた時にもすぐにマスターすることができるでしょう。

醍醐直幸選手（富士通）の背面跳び

ワレリー・ブルメル選手（旧ソ連）のベリーロール

❹走り高跳びの色々な空中動作

現在、競技者のほとんどは背面跳びを用いています。背面跳び以外にはベリーロールという跳び方がありますが、今ではほとんど見ることはありません。小学生は競技会でも授業でも、はさみ跳びを用います。

❺順位の決め方

同じ記録の場合は、その高さで最も試技数が少なかった者が上位になります。それでも決まらない場合には、無効試技数（失敗試技数）が少ない者が上位になります。

選　手	1m40	1m45	1m50	1m55	1m60	無効試技数	順　位
A	—	×○	××○	○	×××	3	2
B	—	—	××○	×○	×××	2	3
C	○	×○	×○	××○	×××	2	4
D	○	○	×○	○	×××	1	1

○：成功　×：失敗（無効試技）　—：パス

走り高跳びのルール

○次の場合、無効試技となります。
- バーを落とした場合。ただし、跳んだ後に風でバーが落ちた場合は、成功試技と認められます。
- 両脚で踏み切った場合。

○助走のマーク（テープなど）を2つまで置くことができます。

●走り高跳びのチェックシート

チェック項目	評　価
助走ではリラックスして走ることができた。	
踏み切り前にリズムアップすることができた。	
強く踏み切ることができた。	
空中で大きなはさみ動作ができた。	
安全に着地することができた。	

◎：良くできた　○：できた　△：もう少し

7 投運動

色々な投げる運動を楽しんでみましょう。投げる時には、まわりの安全を確かめ、大きな声で合図をしてから投げましょう。

❶ソフトボール投げ

ステップや短い助走から投げます。上半身を柔らかくムチのように使って、オーバーハンドスローで投げましょう。

ソフトボール投げ

❷メディシンボール投げ

軽いメディシンボール（1kg 程度）やバスケットボールなどを色々なフォームで投げてみましょう。

〈大きなひねりからの投げ〉

ボールのかわりに小さな古タイヤでも試してみましょう。

▶ヴォーテックススロー

大きくリズミカルにステップをする。
投げ腕を大きく後方に引く。
体を起こす。

①プッシュ

砲丸投げのようにプッシュ動作で投げる。

②オーバーハンドスロー

サッカーのスローインのように、両手で頭の上から投げる。

③フロント投げ

大きな反動を使って全身で前に投げる。

④バック投げ

大きな反動を使って全身で後ろに投げる。

プッシュ

オーバーハンドスロー

フロント投げ

バック投げ

3全ての投運動に共通するポイント

①脚や胴体を利用して投げる

腕だけで投げるのではなく、体全体を使って大きな動作で投げましょう。脚や胴体の筋肉は、大きな力を出すことができるので、投げるパワーを大きくすることができます。脚の曲げ伸ばしや胴体のひねりを利用することができれば、投てき物は驚くほど遠くに飛んでいきます。

②リラックスして投げよう

体を大きく動かしたり、ムチのようにしなやかに動かそうと思えば、全身のリラックスが大切になります。物を強く握りしめたり、肩に力を入れていると、動きがぎごちなくなります。

肘を高い位置に保つ。
投げ腕と反対の腕を後方に引くことにより肩の回転を助ける。
体重を前足に移す。
胸を張って、投げ腕をムチのように振る。
前足に体重を乗せながら、腕をしっかりと振り切る。

column

姿勢を大切にしましょう

机に向かっている姿勢、立っている姿勢、歩く姿勢など、日常生活での姿勢に気を配っていますか。「気をつけるのは、トレーニングの場だけで良い。」という考え方は大きな間違いです。日常生活から姿勢に気を配ることによって、競技にも生かせるような正しい姿勢が身に付いてきます。

正しい姿勢で歩いたり、走ったりすることによって、陸上競技に必要な筋肉などがバランス良く発達します。逆に、背中を丸めるような立位の姿勢や横に傾いた座位の姿勢をとっていると、前後・左右の筋肉の発達がアンバランスになります。歩く時につま先や膝が極端に外を向いていませんか。これも下肢の筋肉のアンバランスな発達を招いたり、ランニング時のキックの効率を悪くしたりすることにつながることがあります。このように悪い姿勢は技術習得の妨げになったり、トレーニング中のケガの原因になることもあります。

そこで、簡単に良い姿勢をつくる方法を紹介しましょう。まず、背すじを伸ばし、胸を張った姿勢をとります。そして、頭のてっぺんを糸で引っ張られている状態をイメージして、少し腰の位置を上げてみましょう。

トレーニング時はもちろんのこと、日常生活においてもこの姿勢を意識してみると良いでしょう。

第５章

正しい・楽しい練習計画の立て方

練習計画を作成する際には、定期的な休息、練習時間の短縮化、ウォーミングアップやクーリングダウンの実施を念頭におく必要があります。これらが、スポーツ障害やバーンアウトの発生を抑えることにつながります。

この章では、練習計画を作成する上での留意点を示しながら、実際の練習計画を例示していきます。

第１章から第４章までで、アンダー13の子ども達の発育・発達の特徴や、陸上競技の基本を確認してきましたが、ここでは、どのような点に注意して練習計画を作成していけばよいのか、具体的に考えていきましょう。

「練習計画」を作成する上で、技術練習や体力トレーニングといったメインとなる練習について、その目的や効果を理解しておくことが大切なのはもちろんです。しかし、それらの効果をより高め、パフォーマンスの向上を目指すためには、ウォーミングアップやクーリングダウンについてもよく理解し、計画を立てる必要があります。また、休息の必要性や適正な練習時間など、練習効果を高めるために知っておくべきことはたくさんあります。

そこでまずは、それらの特徴や考え方について、確認していきましょう。

1　ウォーミングアップ

まずは、ウォーミングアップです。「速く走れるようになりたい！　だから、グラウンドに着いたら、即ダッシュ」という人もいるかもしれません。しかし多くの人は、いきなり全力で練習を始めることはせずにウォーミングアップを行うはずです。では、なぜウォーミングアップをするのでしょう。言い換えると、ウォーミングアップにはどのような目的や効果があるのでしょうか。

ウォーミングアップの主な目的は、その日の主練習が最も良い状態で行えるようにするために、「体」と「心」の準備をすることにあります。体の準備の具体的な効果としては、①筋温・体温の上昇により代謝や酸素利用の効率が高まる、②神経の反応が早くなり筋収縮速度が高まる、③パワー・筋力の出力が高まる、④呼吸循環系（肺や心臓）の応答が早くなる、⑤筋の緊張の低下・関節の可動域を広げることによってケガや障害を予防する、などがあげられます。

また、いくら体の準備ができても、それだけで高いパフォーマンスを発揮することはできません。ウォーミングアップは、「よし、頑張るぞ！」と意欲を高めたり、一回、一本、一投に集中できる精神状態を作るなど、心の準備を整えるという意味も持ち合わせています。

低年齢の子どもの指導をする際には、ウォーミングアップを楽しみながら、運動量を確保できるように工夫する必要があります。

2　クーリングダウン

次にクーリングダウンです。主にウォーキング、ジョギング、ストレッチングなどが行われますが、その主目的は、練習して興奮・疲労した体と心をできるだけ速やかに元の状態に戻すことと言えるでしょう。クーリングダウンの具体的な効果としては、軽い運動を行って全身の血液循環を促すことで、不足していた脳への血流を正常化したり、ストレッチングによって硬直した筋の緊張をほぐし、ケガを予防することなどがあげられます。

ウォーミングアップに比べて簡単に済ませてしまうことも多いクーリングダウンですが、練習を終えて自分の心身と向き合い、その状態を把握するためにも非常に大切です。指導者には、ウォーミングアップとともに、子どもにクーリングダウンの習慣をつけることが求められます。

3　練習環境

「子どもは、大人のミニチュアではない」とよく言われます。子どもの時期のスポーツ（練習、トレーニング）が、子ども達の体や心にどのような影響を与えるのかを理解しておくことも重要です。

ジュニアの頃の一時的な活躍を目指すのではなく、アスリートとして長期的に陸上競技に取り組み、活躍し続けることを目指すのであれば、当然、スポーツ障害を引き起こし、選手生命を縮めるような練習は避けなければなりません。

❶練習時間

子どものケガ（障害）の発生率は、練習時間によって大きく変わると言われています。具体的には、1週間あたりの練習時間が7～14時間以上になると、障害の発生率が急激に増加するというデータがあります（武藤、1988、図1）。これを、1日当たりに直せば、1～2時間以上の練習を毎日続けると、ケガの発生率は急激に高まるということになります。あれもこれもと熱心に指導するあまり、子ども達に多くを求め、結果的に練習時間が長くなりがちですが、注意が必要です。

また、このデータは、量（時間）で判断していま

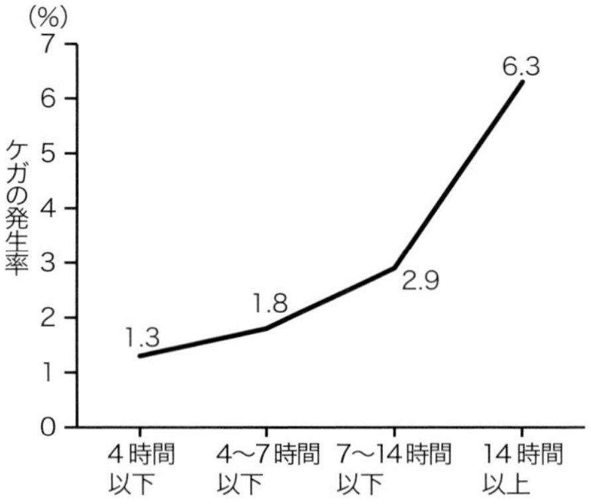

（武藤、1988）

図1●練習時間とケガの発生率の関係

トレーニング後に適切な休養をとれば体の働きは高まる

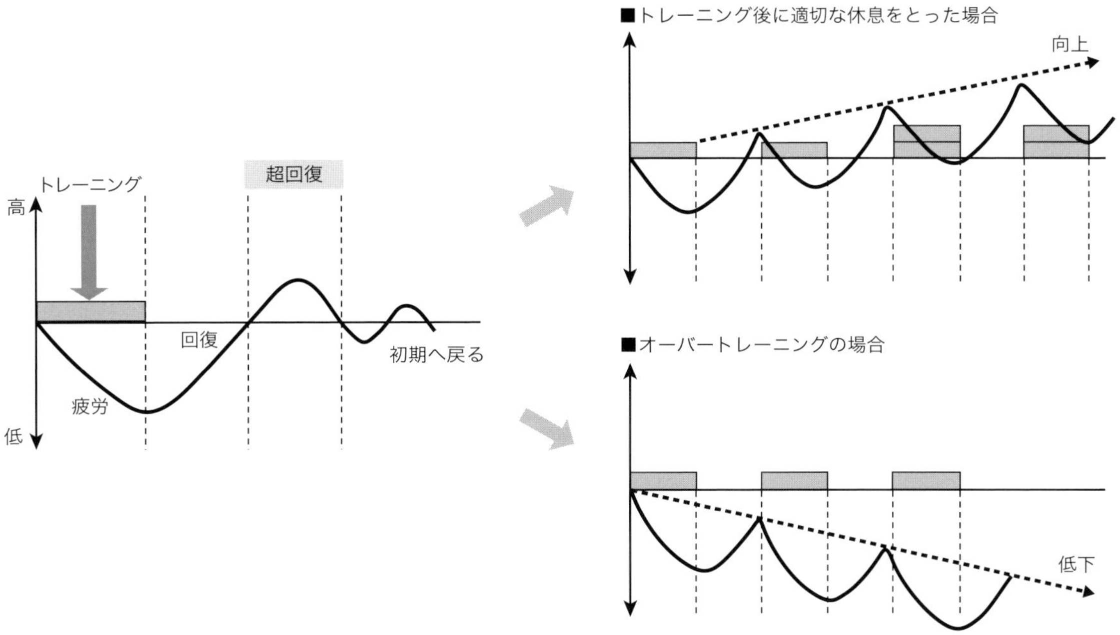

図２●休養と回復　（日本体育協会）

すが、質（運動の強さ）もケガの発生に密接に関わると言われています。

スポーツ少年団やスポーツ教室に参加している子どもは、参加していない子どもよりかかとの骨密度が高いという報告（岡野、2006）があり、頑丈な骨を作るためにもたくさん運動をした方が良いと捉えることもできます。しかし、子どもの骨は成長の途中であり、大人と違って成長軟骨が存在します。つまり、大人よりも外からの負荷に弱いという特徴があります。そのため、同じような動きを長期間にわたり繰り返し行うと、ケガにつながる可能性が高まります。

実際に、活発にスポーツを行う子どもに骨に関する障害が多くみられるという報告もあります。指導者は、ケガの危険を避けるためにも、短時間で効果的な練習ができるよう工夫しなければなりません。

❷休養と回復

練習効果を高めるためには、十分な休息が必要となります。練習をすると疲れますが、この時、一時的に体の働きは低くなります。この疲労した状態はずっと続くわけではなく、体を休めて、ある程度時間をおけば元の状態に回復し（疲労の状態や個人によって異なりますが、24～48時間程度で回復します）、さらにそれまでの状態以上にまで高められます。これを超回復と言います。

これは適切に休息をとった場合に起こる現象です。回復の途中で練習を行うと、超回復する間もなく疲れがどんどんたまり、一向に体の働きは高まらず、それどころか低下してしまうことにもなります。これは明らかに練習のしすぎ、休息の不足を意味します。

この状態が続くと、体だけでなく精神的にも疲れきってしまい、競技そのものを継続する意欲さえも奪われることになりかねません。子ども達の疲労の具合をよく確認しながら、練習を計画・実施する必要があります。

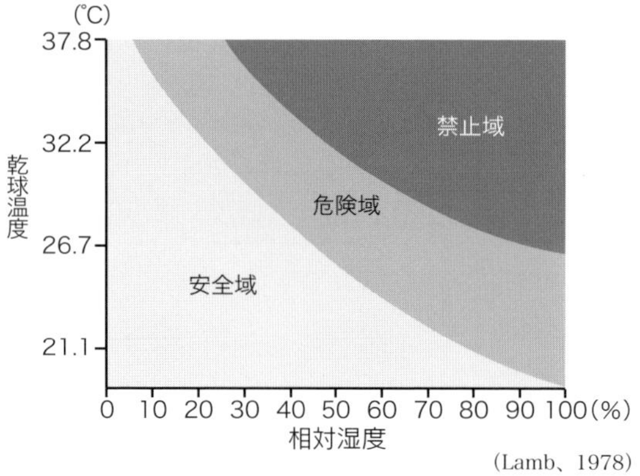

(Lamb、1978)

図３ 湿度・温度と運動の危険性の関係
——相対湿度からみたスポーツ競技の実施危険区域

❸気温・湿度

気温と湿度が高い時期は、熱中症にも注意する必要があります。図３は、湿度と温度からみたスポーツ競技実施の危険域を示しています。この図をみると、日本の夏の日中は、たいてい危険域に入ることが分かります。特に思春期あるいはそれ以前の子どもの体温は、環境温度の影響を受けやすいと言われています（朝山、2003）。

指導者や親は、自分達が感じている以上に子ども達は熱中症の危険にさらされやすいことを理解し、練習時間を涼しい朝あるいは夕方に設定する、休憩・水分補給を頻繁にとる、練習時間を短時間にするといった工夫が必要になります。

❹練習計画

様々な感覚刺激を受けられるスポーツ活動は、社会的ストレスに対する適応力を育むことにつながる可能性があります。しかし一方で、適切な範囲を超えた高強度の運動に長時間さらされると、ストレス反応を高め、本来期待される運動の効果をそぎ落とす可能性があるとも言われています。

長時間の練習、強度の高すぎる練習を継続することは、ケガの危険性を高めるだけでなく、心身の不調をも引き起こす可能性があることを十分に理解しておかなければなりません。こうした状況が続けば、オーバートレーニングに陥り、ケガの発生率を高めるだけでなく、バーンアウト症候群の発生につながる危険もあります。

子どもの練習計画を立てる上でまず考えるべきことは、①楽しく行うこと、②練習時間を短くすること、③強度を高くしすぎないこと、④無理をさせず休息をしっかりとらせることと言えるでしょう。

以上のことを踏まえて、以下にトレーニング計画の具体例を示していきます。ここではアンダー12の発育・発達の特徴と、学校での体育との関連性をおさえた練習計画を示します。したがって練習計画例は、小学校１・２年生、３・４年生、５・６年生の３つの年齢区分で分けて示します。

小学校１・２年生は、専門的トレーニングを行うには時期尚早と言えます。この時期には様々な運動を経験し、体の使い方を身に付けることが重要です。走ったり、跳んだり、投げたりすることや体を動かすこと自体が楽しいと感じる内容を設定することが求められます。また、集中力を持続しにくい年齢段階でもあるため、用具を多用しながら取り組む課題に変化をつけて、走・跳・投を取り入れたゲーム遊びを中心に遊び感覚で取り組ませると良いでしょう。

小学校３・４年生では、小学校１・２年生と同様に遊びの要素を入れながら、走・跳・投運動の特徴を理解できる内容にすると良いでしょう。また、競争欲求が強い時期でもあるため、単に運動そのものを楽しむだけでなく、リレーや距離、記録の計測を行うなど、自己あるいは他者に挑戦する（記録への挑戦、友達との競争）場面を設定すると意欲を高めることができます。

小学校５・６年生は、運動技能の習得に適した時期と言えます。小学校１～４年生までに身に付けた基本の運動をベースとしながら、専門的な陸上競技に必要な動きの基礎を身に付けさせることが目標となります。しかし、走る距離、使用する用具・器具の形状・重量などは成長に合わせ、無理のないように設定する配慮が必要です。また、種目を限定することは避け、様々な種目を経験させましょう。

練習量を少なくする、休養日を入れる、楽しく行える内容にするなどの共通の注意点に加え、各年齢段階では、特に上記の点に注意し、指導対象である子ども達の状態、気候、トレーニング場の環境などの条件に合わせて、練習計画を作成してみてください。

また、P. 120 ～ 123 には、指導者が練習計画を作成したり、子ども達が練習日誌を書いたりする際に活用できるフォーマットの例を示しましたので、活用してください。

表 1 ●小学校 1・2 年生の練習計画例

・練習量を多くしない、休養日を設定する、オールラウンドな内容にする、ゲーム遊びを中心に楽しみながら行える内容にするなどの点に考慮して作成する。

月	ウォーミングアップ	真似っこジョギング ストレッチング 長縄跳び	「真似っこジョギング」では、1 分程度で先頭が入れ替わり、余裕のあるペースでスピードの変化を楽しむ。
	走運動遊び	ダッシュ遊び リレー遊び	「対角ダッシュ」「ネコとネズミ」など。 「折り返しリレー」「ジャンケンリレー」など。
	クーリングダウン	ジョギング ストレッチング	
火	休　　養　　日		
水	ウォーミングアップ	鬼ごっこ ストレッチング	「鬼ごっこ」では、全員が常にある程度動いて運動量が確保できるように、実施範囲やルールを工夫する。
	調整力：敏捷性	反応ダッシュ	「テニスボールや Z ボール、棒を使ったダッシュ」など。
	跳運動遊び	連続リズムジャンプ	左右脚交互：「ジャンケングリコ」「川渡り」。 片　　脚：「ケンケン競争」 など。
	クーリングダウン	ジョギング ストレッチング	
木	休　　養　　日		
金	休　　養　　日		
土	ウォーミングアップ	相　撲 ストレッチング	「押し相撲」「引き相撲」「ケンケン相撲」など、筋力やバランス能力を高める運動を中心に行う。
	走運動遊び	リレー	「集配リレー」「ボール集めリレー」など。
	投運動遊び	正確な投げ 遠くへの投げ	「的当てゲーム」「ジャンケンボール当てゲーム」 ヴォーテックス・フットボール、バトンなどを使う。
	調整力：バランス	バランスボール・エクササイズ	体幹筋力とバランス能力を高める。
	クーリングダウン	ジョギング ストレッチング	
日	休　　養　　日		

表２●小学校３・４年生の練習計画例

・小学校３・４年生では、小学校１・２年生と同様に遊びの要素を入れながら、走・跳・投運動の特徴が理解できる内容にする。
・チーム対抗にしたり、タイム・距離・回数を測定したりすることで、競争の要素を取り入れると良い。
・小学校１・２年生と同様に、練習量を多くしない、休養日を設定する、オールラウンドな内容にする、楽しみながら行える内容にするなどの点に考慮して作成する。

月	ウォーミングアップ	真似っこジョギング ストレッチング	「真似っこジョギング」では、１分程度で先頭が入れ替わり、余裕のあるペースでスピードの変化を楽しむ。
	走 運 動	ラダー・ミニハードル ダッシュ リレー	ステップドリル、タイム競争など。 「対角ダッシュ」「変形ダッシュ」など。 「折り返しリレー」「ジャンケンリレー」「集配リレー」など。
	クーリングダウン	ジョギング ストレッチング	
火	休　養　日		
水	ウォーミングアップ	鬼ごっこ ストレッチング	「鬼ごっこ」では、全員が常にある程度動いて運動量が確保できるように、実施範囲やルールを工夫する。
	調整力：敏捷性	反応ダッシュ	「テニスボールやＺボール、棒を使ったダッシュ」など。
	跳 運 動	リズムジャンプ	「馬跳び競争」「川幅跳び」「リズム幅跳び」「輪踏み幅跳び」など。
	走 運 動	リレー	「折り返しリレー」「ジャンケンリレー」「集配リレー」など。
	クーリングダウン	ジョギング ストレッチング	
木	休　養　日		
金	休　養　日		
土	ウォーミングアップ	相　撲 ストレッチング	「押し相撲」「引き相撲」「ケンケン相撲」など、筋力やバランス能力を高める運動を中心に行う。
	調整力：バランス	バランスボール・エクササイズ	体幹筋力とバランス能力を高める。
	投 運 動	正確な投げ 遠くへの投げ ゲーム	「的当てゲーム」「３歩ステップ投げ」 ヴォーテックス・フットボール、バトンなどを使う。 「ジャンケンボール当てゲーム」「ドッジボール」「キャッチボール」など。
	走 運 動	リレー	「集配リレー」「ボール集めゲーム」など。
	クーリングダウン	ジョギング ストレッチング	
日	休　養　日		

表3 小学校5・6年生の練習計画例

・小学校5・6年生では、基本の運動をベースに、専門的な陸上運動も取り入れる。
・リレーは専門種目に関係なく共通で実施する。
・小学校1・2年生、3・4年生と同様に、練習量を多くしない、休養日を入れる、楽しく行えるような内容にするなどの点に考慮して作成する。

月	共通	ウォーミングアップ	鬼ごっこ ストレッチング	「鬼ごっこ」では、全員が常にある程度動いて運動量が確保できるように、実施範囲を制限して行う。
	共通	調整力：バランス	バランスボール・エクササイズ	体幹筋力とバランス能力を高める。
	専門	短距離走・ハードル走・跳躍・投てき 中長距離走	ダッシュ ジャンプ スピード練習	「テニスボールやＺボール、棒を使ったダッシュ」「変形ダッシュ」など。 「チーム対抗馬跳び」「輪・ミニハードル・ゴムひもでのリズムジャンプ」など。 スウェーデンリレー（走順をセットごとに入れ替えて、色々な距離を走る）など。
	共通	クーリングダウン	ジョギング ストレッチング	
火	休養日			
火	共通	ウォーミングアップ	校庭サーキット走 ストレッチング	練習場所の条件に合わせて種目を工夫し、種類・強度の変化に富んだ運動を行う。
	専門 (分習)*1	短距離走 ハードル走 跳躍 投てき 中長距離走	スタート練習 ハードル練習 跳躍練習 投てき練習 ペース練習	「変形スタートダッシュ」「1・2歩強調ドリル」など。 「リード脚ドリル」「抜き脚ドリル」、「ハードリングドリル」「一歩ハードル」など。 「3歩リズム跳躍」「リズム幅跳び」「輪踏み幅跳び」「ゴム高跳び」「アクセント高跳び」「輪踏み高跳び」など。 「キャッチボール」「的当てボール投げ」「クロスステップ投げ」「メディシンボール投げ」など。 「1000m申告タイムレース」など。
	共通	クーリングダウン	ジョギング ストレッチング	
木	休養日			
金	休養日			
土	共通	ウォーミングアップ	ジョギングバトンパス ストレッチング	「ジョギングバトンパス」は、走順を入れ替えながら行う。
	共通	走運動	ラダー、ミニハードル	ステップドリル
	専門 (全習)*2	短距離走 ハードル走 跳躍 投てき 中長距離走	走練習 ハードル練習 跳躍練習 投てき練習 走練習	「ライン踏み走」「助走付き全速疾走」など。 「短インターバル走」「リズムステップオーバー走」など。 「助走・跳躍練習」など。 「キャッチボール」「的当てボール投げ」「クロスステップ投げ」「メディシンボール投げ」など。 「ミニ駅伝」など。
	共通	リレー	バトンパス練習 バトンパス競争 （直線リレー）	「快調走バトンパス」、全力での受け渡し練習など。専門種目に関係なく全員共通で実施。 「折り返しリレー」など。1人50m程度で行う。
	共通	クーリングダウン	ジョギング ストレッチング	
日	休養日			

＊1 技術を部分に分けて練習する方法。　＊2 技術を全体的に練習を行う方法。

月間練習計画

年　　月	
月間目標	

日	曜	課題・内容	目　標	備　考
1				
2				
3				
4				
5				
6				
7				
8				
9				
10				
11				
12				
13				
14				
15				
16				
17				
18				
19				
20				
21				
22				
23				
24				
25				
26				
27				
28				
29				
30				
31				

週間練習計画

年　　月　　日（　　）～　　月　　日（　　）	月・第　　週目
週間目標	

日付（曜日）	課　題	項　目	内　容
／ （　　）			
／ （　　）			
／ （　　）			
／ （　　）			
／ （　　）			
／ （　　）			
／ （　　）			

コメント

練　習　日　誌

日時《にちじ》	年《ねん》　月《がつ》　日《にち》（　）　時《じ》　分《ふん》 ～ 時《じ》　分《ふん》		
場所《ばしょ》		天候《てんこう》	はれ　くもり　あめ
体調《たいちょう》	◎ ・ ○ ・ △ ・ ×（　　　）		

今日《きょう》の目標《もくひょう》

今日《きょう》の練習内容《れんしゅうないよう》

今日《きょう》の反省《はんせい》	
	よくできた　　　　できなかった
挨拶《あいさつ》ができた。	◎ ・ ○ ・ △ ・ ×
元気良《げんきよ》く練習《れんしゅう》ができた。	◎ ・ ○ ・ △ ・ ×
みんなと協力《きょうりょく》して練習《れんしゅう》ができた。	◎ ・ ○ ・ △ ・ ×
今日《きょう》の目標《もくひょう》が達成《たっせい》できた。	◎ ・ ○ ・ △ ・ ×
前回《ぜんかい》より上手《じょうず》になった。	◎ ・ ○ ・ △ ・ ×
新《あたら》しいことにチャレンジできた。	◎ ・ ○ ・ △ ・ ×
新《あたら》しいことができるようになった。	◎ ・ ○ ・ △ ・ ×

今日《きょう》の感想《かんそう》

練　習　日　誌

日時《にちじ》	年《ねん》　　月《がつ》　　日《にち》（　　）　　時《じ》　　分《ふん》　～　　時《じ》　　分《ふん》		
場所《ばしょ》		天候《てんこう》	はれ　　くもり　　あめ
体調《たいちょう》	◎　・　○　・　△　・　×　（　　　　　　　　）		

今日《きょう》の目標《もくひょう》

今日《きょう》の練習内容《れんしゅうないよう》

今日《きょう》の反省《はんせい》

	よくできた			できなかった
挨拶《あいさつ》ができた。	◎	・ ○	・ △	・ ×
元気良《げんきよ》く練習《れんしゅう》ができた。	◎	・ ○	・ △	・ ×
みんなと協力《きょうりょく》して練習《れんしゅう》ができた。	◎	・ ○	・ △	・ ×
今日《きょう》の目標《もくひょう》が達成《たっせい》できた。	◎	・ ○	・ △	・ ×
前回《ぜんかい》より上手《じょうず》になった。	◎	・ ○	・ △	・ ×
新《あたら》しいことにチャレンジできた。	◎	・ ○	・ △	・ ×
新《あたら》しいことができるようになった。	◎	・ ○	・ △	・ ×

今日《きょう》の感想《かんそう》

用語の解説

トラック種目

■トラック種目

トラックで行う競技種目。短距離走、中・長距離走、ハードル走、リレー、競歩。

■ストライド

ランニング時の1歩の広さ。

■ピッチ

ランニング時の時間当たりの歩数。

■レーン

トラック上にラインで示されている走路。

■オープン

長距離走のレースのように割り当てられたレーンがないこと。

■セパレート

割り当てられたレーンがあること。400m以下の短距離走、リレーとハードル種目、800mの最初の100m、1600mリレーの最初の500mは割り当てられたレーンを走らなければならない。

■フィニッシュライン

トラック種目での最終到達点を示すライン。そのラインに到達することをフィニッシュと言う。

■トルソー

体のうち、脚、腕、肩、頭、首を除いた部分。フィニッシュは、トルソーがフィニッシュラインに到達した時点を言う。

■ラップタイム

中・長距離走のレースなどで1周に要した時間。400m、800mといった一定の距離を通過した時のタイムを指すこともある。

■ポケット

中距離走や長距離走のレースで、他のランナーに囲まれて思うように動けない状況のこと。

■アプローチ

ハードル走におけるスタートから1台目のハードルまでのランニングのこと。

■タッチダウンタイム

ハードル走におけるスタート合図からそれぞれのハードル接地までのタイムのこと。

■ディップ

ハードルを跳ぶ際、上半身を前に倒すこと。

■オーバーハンドパス

リレーで、受け手は手のひらを上に向けて構え、渡し手は上から下へバトンを押し込むようにパスする方法。

■アンダーハンドパス

リレーで、受け手は手のひらを下に向けて構え、渡し手は下から上にバトンを振り上げてパスする方法。

■オーバーゾーン

リレーで、バトンの受け渡しを行うことができる20mの幅のゾーン（テークオーバーゾオーン）の外でバトンの受け渡しをすること。オーバーゾーンの反則を犯したチームは失格になる。

フィールド種目

■フィールド種目

フィールドで行う競技種目。跳躍種目と投てき種目。

■ファウル

跳躍競技では踏み切り線を踏み越した場合など、投てき競技では試技中にサークルを踏み越した場合や投てき物が有効なゾーンの外に落下した場合などを言う。ファウルになると、記録は測定されない。

■トップエイト（トップ8）

走り幅跳びなどで出場者が8名を越える場合、最初の3回の試技の記録で上位から8名を選ぶ。これをトップエイトと呼ぶ。トップエイトに残った競技者は、3回までの試技の記録の悪い順にさらに3回の試技を行うことができる。

■ピット

跳躍種目の競技者が着地する場所。走り幅跳びと三段跳びでは砂場、走り高跳びと棒高跳びではマットを指す。

■パス

走り高跳びなどでは、試技を行わないことを「パスする」と言う。例えば、1m30という高さをパスする場合もあれば、1m35を1回失敗した後に、残りの2回の試技をパスし、次の高さ（例えば1m40）に挑戦するような場合もある。

■クリアランス

バーを越える動作のことをクリアランス動作と言う。

共　通

■追い風参考

後方から受ける風が2.0m/秒を超えると、記録は公認されなくなる。追い風2.0m/秒を超える風のアシストを受けてマークされた記録は追い風参考扱いとなる。

100m、200m、100mハードル、110mハードル、走り幅跳び、三段跳びに適用される。十種競技や七種競技などの混成競技は、追い風参考に関して異なるルールがある。

■コール

競技会の前に、出場の意志を確認するために行われる点呼。競技開始○○分前というように時間が決められており、時間内に点呼を受けないと原則として失格となる。

■タイムテーブル

競技会の日程。

■ナンバーカード

競技会で競技者が胸や背などにつける番号布。

トレーニング

■ウインドスプリント

リラックスして気持ちよいスピードで走るトレーニング手段。ウォーミングアップとしても行われる。流しとも呼ばれる。

■ウェーブ走

スピードを上げて走る区間、慣性でそのままリラックスして走る区間を波のように繰り返すトレーニング手段。

■インターバルトレーニング

走のトレーニング形態のひとつ。陸上競技であれば、速いスプリントとジョギングや歩行の不完全な休息を繰り返して行うトレーニング法があげられる。

具体例としては、「80mの全力走＋120mのジョギング」の繰り返しなど。

■レペティショントレーニング

走のトレーニング形態のひとつ。高強度のランニングを完全な休息をはさんで何回か繰り返す。

具体例としては、200m×3（回復時間20分）など。

■ペース走

あからじめ走るペース（設定タイム、努力感など）を決めておいて、それにしたがって走るトレーニング手段。

■ビルドアップ

ゆっくりと走り始め、徐々にスピードをアップさせていくトレーニング手段。200mトラックを8周走る場合に、ゆっくりとしたペースで走り始め、1周ごとに2秒ずつタイムを短縮していくようなトレーニングが例としてあげられる。

■クロスカントリー

野外の起伏のある公園や芝地を走るトレーニング手段。レースとしても行われている。

■バウンディング

地面を強くけって、走るようにジャンプを連続するトレーニング手段。下半身のパワーを高めるなどの効果が期待できる。

■ホッピング

片脚で連続して跳ぶジャンプのこと。下半身のパワーを高める効果が期待できる。

■スキッピング

「もも上げ」とも呼ばれるスプリントトレーニングのひとつ。動き作り、膝を上げる筋肉の強化などを目的に行われる。

■メディシンボール

トレーニング用具のひとつ。バスケットボールかそれより小さな重いボール（1～5kgくらい）で、パワーアップのトレーニングに利用される。

■ストレッチング

筋肉や腱などを伸ばして、柔軟性を高めるトレーニング手段。ウォーミングアップやクーリングダウンなどで用いられる。

■ウォーミングアップ

準備運動のこと。競技会やトレーニングの前に、ジョギングやストレッチングを行い、心身の準備をする。スポーツ傷害の予防や、パフォーマンスの向上に役立つ。

■クーリングダウン

整理運動のこと。競技やトレーニングの後に、ジョギングやストレッチングを行い、心身を平常の状態に戻していく。疲労の回復を早くする効果がある。

■脱水

体内の水分が多く失われること。脱水状態になると、運動能力が低下するだけではなく、熱中症になり、生命の危険を招くこともある。高温下のトレーニングや競技では、多量の汗が出るため、運動中にこまめに水分を補給することが大切である。

[著者紹介]

岡野　進　（おかの　すすむ）
1947 年広島県生まれ。
東京教育大学体育学部卒。専門は、スポーツ科学、陸上競技コーチング。
明海大学名誉教授、中央大学法学部兼任講師。
日本体育協会公認上級コーチ。
第 1・3 章担当。

繁田　進　（しげた　すすむ）
1959 年兵庫県生まれ。
東京学芸大学大学院修士課程教育学研究科保健体育専攻修了。専門は、陸上競技コーチング。
東京学芸大学教育学部健康・スポーツ科学講座教授。
日本陸上競技連盟理事・普及育成委員会委員長、日本体育協会公認上級コーチ、国際陸上競技連盟レベルⅡコーチ。
第 2 章担当。

熊原　誠一　（くまはら　せいいち）
1955 年東京都生まれ。
1978 年筑波大学体育専門学群卒。専門は、陸上競技コーチング（110mH）。
日本陸上競技連盟普及育成委員会普及育成部 U-13 担当副部長。日本体育協会公認上級コーチ、国際陸上競技連盟レベルⅠコーチ
第 3 章担当。

尾縣　貢　（おがた　みつぎ）
1959 年兵庫県生まれ。
筑波大学大学院修士課程体育研究科コーチ学専攻修了。博士（体育科学、筑波大学）。専門は、陸上競技コーチング、体力トレーニング論、スポーツマネジメント。
筑波大学人間総合科学研究科スポーツ健康システム・マネジメント専攻教授。
日本陸上競技連盟専務理事、JOC 理事。
第 4 章、コラム、用語の解説担当。

髙本　恵美　（たかもと　めぐみ）
1977 年岡山県生まれ。
筑波大学大学院博士課程体育科学研究科体育科学専攻修了。博士（体育科学、筑波大学）。専門は、陸上競技コーチング。
大阪体育大学体育学部准教授。
第 5 章担当。

陸上競技《りくじょうきょうぎ》指導《しどう》教本《きょうほん》アンダー13　楽《たの》しい キッズの陸上競技《りくじょうきょうぎ》

NDC782 / 125p / 24cm

初版第1刷――2010年5月15日
第7刷――2017年8月10日

編者――公益財団法人《こうえきざいだんほうじん》 日本陸上競技連盟《にほんりくじょうきょうぎれんめい》
発行者――鈴木一行
発行所――株式会社 大修館書店
〒113-8541 東京都文京区湯島2-1-1
電話 03-3868-2651（販売部） 03-3868-2298（編集部）
振替 00190-7-40504
［出版情報］ http://www.taishukan.co.jp

装丁者――中村友和（ROVARIS）
本文レイアウト――加藤　智
イラスト――㈲イラストレーターズ モコ
写真提供――アフロ、フォート・キシモト
印刷――横山印刷
製本――ブロケード

ISBN978-4-469-26702-0　Printed in Japan